JN236809

Yasukochi Tetsuya
安河内哲也

成功を呼ぶブレイクスルーの法則

いますぐキャラを変えなさい

小学館

はじめに

学生時代使っていた、本の裏表紙に、**Adversity is the first path to truth.**と書いていたのを、20年経《た》った最近、見つけました。

これは「逆境こそ真理に近づく最初の道だ」という意味。イギリスの詩人・バイロンの言葉です。

私は１９９０年に大学を卒業しました。そのころは、バブルの真っ最中で、近年最大の売り手市場と言われるほど、就職活動が学生に有利とされているときでした。家で寝ているだけで、大手銀行や証券会社からお誘いの電話がかかってくるのです。

私の心の中の99パーセントの部分は、「寄らば大樹の陰だよ。大企業に就職して、安定した人生を選べよ」と、ささやいていました。

当時の風潮としては、「大企業＝終身雇用＝安定＝エラい」という公式が成り立っていて、それを疑う人はほとんどいなかったのです。

高校時代は劣等生で、浪人後やっと大学に入った私が、知らぬうちに、そんな公式を信じる優等生キャラになってしまっていたのでした。

しかし、クラスメートたちがネクタイを締めて就職活動を始め、大企業の内定をもらったなどと耳に入ってきても、私はいまいち就職活動に乗り気になれませんでした。心の中の1パーセントが「本当にそのキャラでいいのか？」「おまえのやりたいことは本当に大企業の社員か？」「思い切ってキャラを変えろ！」と言い出すのです。バイロンの言葉が心の片隅にあったのかどうかは不明ですが、私は思い切って自分のキャラを変えてしまうことにしたのです。

結果、当時から人に教えることや、英語が大好きだった私は、予備校の非常勤講師という、生存率数パーセントのフリーターの道を選択。周囲の反対をよそに、逆境のど真ん中に自分を放りこんでしまいました。

そして現在、大好きな予備校の仕事を中心にいろいろ面白い仕事に挑戦しています。

よく、みなさんから「仕事で成功する秘訣《ひけつ》は？」という質問をいただきます。具体的なことはこの本であますところなく紹介しようと思いますが、鉄則と言えるものがあるとすれば、**「いますぐキャラを変えなさい」**ということです。

世の中はビックリするほど変化します。だから、みなさんが自分を変えなければ、どんどん流れに取り残されてしまいます。私自身も何度も自分のキャラを思い切って変えることによって成長することができたような気がします。

この経験から「変化を続けること」が幸せで安定した人生へのパスポートなのだと考えるようになったのです。

ブレイクスルー（break-through）という言葉を聞いたことがある人も多いのではないでしょうか。すごく簡単に言ってしまえば、「突破すること」という意味です。

人生は壁の連続で、その壁の前で立ち止まっていれば、ますますその場所は居心地が悪くなってしまいます。そしていま目の前にある壁を突破するためには、みなさんが変わること。変わらなければ、何も起こらないし、始まりません。

もしみなさんが変わりたいと思っているなら、それだけで第一歩です。この本が少しでも役に立ってほしいと念じて書きました。

いま、経済危機の大嵐が吹き荒れています。こんなときこそ、自分を見つめ直し、理想のキャラに変えてしまうチャンスだと思います。何もかも手に入ってしまう状況では、自分を変えようとするエネルギーはなかなか生まれません。いま、みなさんの中にマグマのようにたまっている「向上心」を爆発させるときがやってきたのです。

年齢や環境を言い訳にしてはいけません。変化はどこからでもいつからでも始まります。いまこそ、「チェンジ」するエネルギーを爆発させるときなのです。

いますぐキャラを変えなさい
成功を呼ぶブレイクスルーの法則
目次

PART 2 落ちこみキャラを変えろ！ 59

PART 3 浪費キャラを変えろ！ 85

PART 4　完全主義キャラを変えろ！

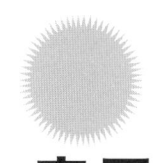

PART 5　先読みキャラを変えろ！　149

装幀　鈴木正道（Suzuki Design）
協力　西田真二郎
校正　櫻井健司
オビ撮影　峯岸雅昭

プロローグ
変わるためのマインドセット

●「やりたいこと」は100パーセント「やるべきこと」だ！

みなさんがいま「やらなくちゃ」と思っていることは、きっと「やったほうがいいこと」です。成功しても、失敗しても、何もしないでいるよりは、はるかにみなさんのためになります。

「英語を勉強しなくちゃ」
「ＭＢＡを取ろう」
「ブログを始めよう」
「新しいプロジェクトを立ち上げよう」
「お金を貯《た》めよう」
「出世しよう」
「ダイエットしなくちゃ」
「本をもっと読もう」
「ばりばり働きたい」
「人の悪口はやめよう」
「長期の旅行をしよう」

「資格を取りたい」

やりたいことは人それぞれでいいと思います。みなさんが「やりたい」「やらなくちゃ」と思っていることが仮に10個あるとします。

ここで、その中の上位3つを、思い描いてください。頭の中だけで考えると混乱してしまうときは、紙に書き出してください。

そしてその3つだけでも、今日から少しだけやり始めませんか。

私が一番ダメだと思うのは、やろうかやるまいかと、長い間思い悩んで、考えていることです。

考えている時間そのものがもったいないということもありますが、自分にそれが向いているかどうかの判断も先送りしていることになるからです。

もしかしたら自分に最も向かないことを、あなたが求めているかもしれないという可能性もあるのです。

また「やらなくちゃ」と思っても「手を出さなかった」ときの、あなた自身の損失は、計り知れないほど大きいと思います。

なぜならそこに「生涯、自分が向き合っていけるライフミッション」があるかもしれないからです。

●「何もしない」は損をしていること

経済学には「機会費用《きかいひよう》」という用語があります。これは「ある経済活動に対して、選択されなかった最善の選択肢を選んだときに得られる価値」のことです。何もしないで、じっとしていることは、損をしていないと考えがちですが、実は機会費用を払っている、つまり損をしているのです。

もしも、みなさんが1時間働けば1000円稼げる人だったとしましょう。でも、何もしないで家で1時間昼寝をしてしまった。そうすると、その1時間の損益は、プラスマイナスゼロではありません。稼げるはずの1000円を損しているわけですから、マイナス1000円ということになるわけです。

これは、お金の問題だけではありません。何もしないということは、もし何かをやった場合に得られる「喜びや悲しみ」「失敗や成功」という人生の経験値を損していることになるわけです。

●始めるためには、変わるしかない

では、なぜやりたいことがはっきりしているのに、多くの人は始めることができないのでしょう。

やらないより、やったほうがはるかにましと、みんな頭では理解しているのに、なぜ手をつけなかったり、始めてもすぐやめてしまうのでしょうか。

かく言う私も、本当にこのことにはずっと悩んできました。

あれもやりたい、これもやりたいと、もともとは思う性格なのに、あっという間に時間は過ぎて、何も手をつけず、1年経《た》ってしまうこともありました。

そしてある結論に達したのです。

それは仕事として、予備校で多くの受験生と接したり、企業研修の講師としてビジネスマンの方と接してきたことによって、わかったことでした。

動き出せないのは「気の持ちよう」が変わらないからなのです。

この気の持ちようを、英語では「マインドセット」と言いますが、自分がポジティブなマインドセットに変われば、仕事や勉強にもっと挑戦的になれることに気がつきました。

ポジティブなマインドセットを自分に埋めこんでしまうのです。

この本では各章で、この「変わるためのマインドセット」の作り方を提案していこうと思います。

反対に、ネガティブなマインドセットでいると、人間なら誰もが持っているであろう悪い面が出現します。

本書ではこれを「尻《しり》ごみキャラ」「落ちこみキャラ」「浪費キャラ」「完全主義キャラ」「先読みキャラ」と呼ぶことにします。

●変わることが大切なわけ

ポジティブなマインドセットは、自分を変えるときだけでなく、変わらなくちゃいけないときにも役に立ちます。

私は激変し続ける受験産業に身を置いているので、この20年近く、常に自分が変わらなければ生き残っていけない立場でした。そして自分のまわりの環境は常に変わっていくものと考えるクセがついてしまったのです。

仕事をしている方なら、大なり小なりこの感覚はわかってくれるのではないでしょうか。

「会社がライバル会社と合併してしまった」

「上司が外国人になった」

「仕事で扱う分野が一夜で変わった」

「いままで使っていたツールがアナログからデジタルになった」

「人員、経費が削減され、激務が超激務になった」

など、自分が望もうが望まなかろうが、自分を取り巻く環境が変わってしまうことは、仕事の世界ではよくあることです。

「恋人が突然去ってしまった」など、プライベートでも同じかもしれませんね。

未来を予知できる超能力者なら、「準備する」という武器も使えるのでしょうが、私には残念ながらそのような能力はありません。

ただいつも訪れる突然の変化に合わせて、常に自分を変えてきた気がします。

そういった経験を重ねるうちに、環境の変化は必ず起こるものであり、だからこそ常に変われるように、自分のマインドセットを作っておく大切さに気づきました。

●自分が変わったほうが早いこともある

仕事で、壁にぶち当たると、多くの人が、会社や他人のせいにしてしまいます。もちろん私もそう考えてしまうことがあります。
「このプランは絶対いいのだから、もっと理解してくれ」とか
「この会社はダメな会社だ。いつか転職してやる」

それだけなら、飲み屋でのグチどまりですが、志《こころざし》ある人は、その原因を冷静に分析して、組織を変革しようと努力し始めたり、データをもって他人を説得し始めたりしますよね。

それでも会社や組織や他人は、想像よりも強固で、あなたの努力が力尽きてしまうことも多いと思います。

私は、誤った会社組織やシステムを変えていこう、という努力は尊いものだと思っていますが、その努力と並行して、自分が変わることも視野に入れたほうがいいとも考えています。

みなさんの時間には限りがあって、まったく変わろうとしない会社や組織を無理に変えようとすることにみなさんの貴重な時間と労力を費やすより、自分が変わってしまえばより幸福感を味わえたりすることが、世の中には多いのです。

また自分が変わることによって、自分の周囲がそれに影響されて、一人ひとり変わっていけば、全体が良い方向に変わることもあるのです。

●ひんしゅくを買ってでも変われ

もしみなさんの中にやりたいことがあって、そこに向かっていくなら、ひんしゅくを買ってでも変わりましょう。

何かに挑戦することは、失敗して損が出ても、何もしないよりはプラスです。

その過程で、人からネガティブに言われるときも、もしかしたらあるかもしれません。

でもその挑戦自体が、今日の自分と違う明日の自分を作ってくれる経験なのです。ひるむことはありません。

そしてその経験が、いまはもしかしたら曖昧《あいまい》かもしれないが、自分が一生やっていきたい目標に気づかせてくれることがあります。

つまり「ライフミッション」が生まれてくるわけです。

私は、よく生徒のみなさんから、「鬼コーチ、安コーチ」などと呼ばれています。生徒の音読の声が小さいと「声が小さいぞー!」などと教室で怒鳴ったりすることもあるからです。

いつも力が入りすぎているので、生徒たちからこんな不本意なニックネームをつけられてしまいました。

あまりにもポピュラーになってしまったため、いまではあのウィキペディアの中にまで「鬼コーチ、安コーチ」と載ってしまうようになり、思わず苦笑です。

でも、こうやって、まわりにひんしゅくを買いながらでも、求め続ける目標があるので、これからも変わり続けようと思っています。

そのほうが、何でも無難に流して目立たない存在でいるより、ずっとハラハラ、ドキドキで毎日が楽しいんですよ。

うまくいけば成功！　うまくいかなくても成功！

何もやらないのが失敗なのです。

PART 1
尻ごみキャラを変えろ！

『尻ごみ』は人類の敵です。

You can't make an omelet without breaking an egg.

(オムレツは卵を割らなければ作れない)

という英語のセリフがあります。

いくらこんなオムレツが作りたい、あんなオムレツが食べたいと夢ばかり語ったところで、そもそも卵を割るという最初の単純な動作ができなければ、何も始まらないという意味です。

卵を割らないで「オムレツを作りたい」と口走ることの無意味さを一度よく考えてみませんか?

まずは「卵を割って」、「調理すること」で、初めてオムレツが作れるようになるのであって、割ることなしにはどんな新しい世界も手に入りません。

みなさんは真面目《まじめ》で何事にも「どうせやるんなら、きちんとやらなければならない」と考えてしまうタイプなのかもしれません。

もちろん、それができるならば、それに越したことはありません。

けれど、かつての私がそうだったから言えるのですが、そのような考えの持ち主は、始める前から「ひょっとすると失敗しちゃうかもしれない。いや、そもそも自分にできるわけがない」と煮詰まってしまって、結局何もやらないまま時間が経ってしまいがちです。

ここで強く言いたいのが、Do it anyway！（とにかくやってみろ）ということです。人生は数十年しかありません。あなたのまだ知らない、世の中に溢《あふ》れるいろいろなものを、どうせなら死ぬ前にちょっとずつでも経験したほうが楽しいと思いませんか？

みなさんには、自分の仕事があるわけですから、それ以外のことまで、完全に、きちんとやらなければならないと考える必要はないのです。何でも一度はやってみることで、人生に彩《いろど》りが生まれ、自分が変わるきっかけを摑《つか》むことができるかもしれません。

私自身もいまではいろいろな勉強、スポーツ、乗り物や娯楽を一度だけでもかじってみようとしています。自分に向いていなければやめればいいだけです。それでも「一度やってみた」ことはいい経験値として残りますよね。

法に反するようなことでない限り、そして、無茶な出費を必要とするものでない限り、Do it anyway！です。

いますぐに、あなたの中の「尻ごみ」を退治しましょう。

1 経験がすべてを決める！

●未知の経験で変わる

みなさんがいまいる場所は、一つの小さな島のようなものであって、その島の中にあるものしか見えていませんが、**未知の経験は、あなたをまったく別の島に飛ばしてくれる旅行**のようなものです。

私たちが出来事を認識するときには、多かれ少なかれ自分の経験に基づいて判断しています。たとえば**何かの事態が起こったとき、それがどういう理由で起こったのかを考える基礎になるものは、自分の経験**です。

私は予備校講師という職業柄、「知識」の大切さは十分知っているつもりです。しかし、これからの時代は、知識に勝るとも劣らず、経験がものを言う時代だと思います。

たとえば日ロ関係について勉強したいなら、文献をあさるよりもすぐにロシアに行ってみるべきですし、高齢化社会について研究したいなら、介護ボランティアに参加するなどの行動を起こすべきなのです。

そうすることで、読むべき書物の一字一句に実感がわいてきます。

人間は、それぞれ嗜好性《しこうせい》が違うわけですから、他人が「面白くないよ」ということだって、やってみると、自分には「すごく面白かった」ということがよくありますよね。まわりの人が面白くないと言っている映画を、すごく面白いと感じたことはありませんか？　好きか、嫌いかは、やってみなければわかりません。

私は、旅行などした際に、「○○体験」という言葉を見つけたら、とりあえず深く考えず参加してみることにしています。

「陶芸《とうげい》体験」「乗馬体験」「消火体験」「餌付《えづ》け体験」「セグウェイ乗車体験」などいろいろ参加しましたが、その場の楽しみだけで終わったとは思っていません。

経験は、実はその後のいろいろな判断に、直接的・間接的に役立ってくることは間違いありません。

私のメインの仕事の一つに受験参考書の執筆がありますが、この仕事に役立っているのは、いろいろな体験教室で使ったテキストだったりするのです。

「あぁ、この陶芸教室のレジュメはわかりやすいな」と思った経験が、参考書の執筆にフィードバックできています。

●心地よさからは変化は生まれない

「新しいこと」というと、多くの人は、「お金がかかること」「心の準備が必要なこと」「まわりを説得しなければ始められないこと」のような「大きなこと」を思い浮かべてしまいます。

しかし、私が言っている新しい物事とはそんな大きなことばかりではないことが、わかってもらえると思います。

人はいつもやっていることを繰り返すことを心地よく感じます。しかし、この心地よさからは、みなさんが期待する変化は決して生まれないのです。

これからは小さなことからでも、**常に変えるクセ、「変えグセ」を身につけましょう。**

いつもの昼食のメニューを、今日は変えてみたり、違う店にトライしたりするだけで、ただ心地よかっただけのランチタイムが、もっと刺激的なものになるのです。

新しい経験は小さな旅のようなもの
魅力的な島探しを始めよう

2 『ガクブル成長法』を試してみる

●足を突っこめば、半分を知ったことになる

乗り物好きの私は、大型二輪やら、小型船舶やら、いろいろな乗り物の操縦を教習所に通って習ってみました。

残念ながら諸事情で、現在は中断している自家用飛行機の教習ですが、訓練学校の担当教官がかけてくれた言葉がいまでも心に残っています。

「安河内くん、何事も始めることで全体像が見えてくる。キミもライセンス取得に一歩足を踏み入れたのだから、すでに**我々の業界の半分を知ったも同然**なんだよ。小型機でも、ジャンボジェットでも、同じ滑走路を使い、同じ管制塔と交信するんだ。キミは大手エアラインのパイロットがやっているのと同じようなことをやっていることになる」

このことはどの世界にも当てはまるのではないでしょうか？

なんとなく本で読んで知っているよりも、少しでも体験してみるほうが、はるかに

実感がわくのです。

証券会社に就職した教え子が訪ねてきたとき、就職祝いのつもりで買ってみたトヨタ自動車株のおかげで、金融という大きな世界をのぞき見ることができました。

ものまねで始めたマジックを人前で披露したり、マジックバーでマジシャンと友だちになったりすることで、マジックの世界全体をのぞき見ることができました。

悪友の外国人に誘われて、地元のお祭りでバンドのボーカルを引き受けたことで、他のバンドの人たちとも仲良くなり、ちょっとだけ音楽の世界をのぞくことができました。

これらはすべて、うまくいっているとは言い難いものばかりですが、何かをかじるたびに自分の活動のフィールドは広がっていきます。

●「まだいいや」は禁句

「まだいいや」というあなたの言葉を「どうにかやってみよう」つまりDo it anyway！に変えてみる。それだけでこれから1年間のあなたの活動フィールドは倍増するに違いありません。

私も、よく自分のフィールドとは少し違った仕事をお願いされることがあります。

以前、ある県の英語教育機関から連絡があったときのことです。公立高校の英語の先生方に教え方を指導してほしいという依頼でした。

ここで、「先生方を教えるなんて私には大役すぎて無理ですよ」とのどまで出てきそうになったのですが、「まあ、やってみます」と答え、出向いてみました。

もちろん先生方の先生をするなんて初めての経験です。話した内容は支離滅裂で、足はガクガク、声はうわずり、体もブルブルで、悲惨なもの。

決してうまく話せたわけではないのですが、その後もなぜかそのような依頼は続き、いまでは「教え方の指導」をするのが、私の仕事の一部となっています。

企業研修の講師も、受験生の父母会講師にしても、スタジオでの吹き込みにしても、最初はいつもこんな感じでしたが、何度もやるうちに板に付いてきて、いまではどれも私の大切な仕事となったのです。

きっと**「できるようになってから、やる」という発想では、永遠に最初の一歩が踏み出せない**のではないかと思います。今日から「とりあえずやって、自分を合わせる」くらいの気持ちでいいではないですか。

何でも最初からうまくいくはずはありません。きっと、まわりの人も「無理だ」「無理だ」の大合唱でしょう。でも、最初はうまくいかなくても、1年もやっていれば、それなりの形になっていることが多いのです。うまくいかなくたって、経験値が高まるわけですから、それはそれで大成功ですよ。

最初はガクガク、ブルブルの連続です。しかし、それがあなたを成長させるのだと信じてください。これが私のお勧めする「ガクブル成長法」です。

「できるようになってから、やる」は最悪

3 「断わらない」から始めよう

●責任の重さは税金のようなもの

何かのきっかけで大役を命じられることが、長い人生の間には何回か訪れます。それを引き受けるか、辞退するか、ここにも大きな人生の分岐点があります。

私の知り合いで、職場で責任の伴う大きな役職を命じられたときに、「その器ではないから」との理由で、辞退し続けた人がいました。

本人の言葉によれば、自分より会社内にはもっと適任の人がいるから、という理由でした。

しかし、どんな業界であれ、新しい役職についたばかりのときには、たいていさまざまな失敗が待っているものです。

初めてだらけのことは思わぬ勘違いをするものですし、誹謗《ひぼう》中傷、嫉妬《しっと》ややっかみも少なくありませんから、失敗を誘引する材料も多いわけです。

部下はもちろん、上司、取引先、顧客のすべてが変わり、相当にまごつくことにもなるでしょう。

これらは責任の重さと相関関係がありますから、ある意味、地位税、有名税、責任税のようなものです。

逆風もあるとは思いますが、自分を変えるきっかけとして、地位や役職の変化というものを前向きに捉《とら》えてみませんか。

突然降りかかってきた大きな役職は、神様がくれた、あなたを変えるチャンスです。喜んで受け入れてみましょう。

地位が人間を変えるのです。

たとえば当初は慣れない業務で「あの部長使えないなあ」と陰口を叩《たた》かれていたとしても、1年も部長をやっていると、だんだんとその地位が自分を変えてしまうことがあるのです。

いかにも部長になりそうな人物ではなく、むしろその正反対と思える、足元もおぼつかなくてビクついているような人物でも、肩書きどおりに振る舞おうと無理をしているうちにそれは板に付いてくるのです。

長い時間同じことをその立場で懸命に続けていると、それなりの風格やもっともらしい行動が取れるようになってくるわけです。

「慣れ」は大切な味方

正直に言えば、私だって最初にこの仕事を始めたときは、高校生に英語を教えられるような代物《しろもの》ではありませんでした。

まさしく学生バイトに毛が生えたくらいの、ロクでもないものだったろうと思います。しかし毎日毎日２００人の前で教え続けることで、いつのまにか形になってしまったわけです。

最初は本当にヘタクソでした。そのころの生徒には、いまでも謝りたいくらい悲惨な授業だったと思います。でも5年もやっていると、ママゴトのような状態から始めた私の授業も、きちんとしたスタイルができてきたのです。

そして英語講師としてのキャリアができてくると、「講師としてそろそろ学習参考書を書いてみないか」という誘いが来ました。これにしても、当時は「大役」だと舞い上がったものです。

分不相応とはまさにこのことだと感じ、実質的にも最初の参考書はこれまた「読者に申し訳が立たない！」と叫びたくなるようなものだったと思います。いま思い出すだけでも顔が赤くなるような出来でした。

しかし不思議なもので、出版し続けていくと、それなりにきちんとまとまってくるのです。おかげさまで、私でも長い期間にわたって売れる参考書をプロデュースすることができたのですから、「慣れ」とは妙なものです。

ついでに言ってしまえば、いま読んでいただいているような一般書にしても、強気で書いてみたのはよかったのですが、最初の本は無我夢中で何を書いているのかわからないような感じだったのではないかなと思います。

周囲にいる友人、知人の人気講師の先生方がロングセラー、ベストセラーを出していることに励まされ、とにかくひたすらトライし続けていたら、偶然にも売れる本が出せていたというのが実際のところなのです。

●役職と実力の差は、大きいほどいい

何回もやっていると、それなりにサマになってくるというのは本当です。

「これはさすがにオレの器じゃない」。どんな成功者もみな、最初はすったもんだを繰り返しながらそう思ってきたことでしょう。

それを**「試しにやってみるか」と思えた人だけが、いつのまにか形ができて立派にやれるようになってくる。**

そういうものなのだと思います。

ですから、先々の心配をするよりも、大役は引き受けてから悩むべきです。役職や立場と実力との差があればあるほど、うまくいけば周囲は驚き、評価は高くなりますから、成長の励みになること請け合いなのです。

大役はワクワクしながら引き受けろ
役職・立場と実力との差があればあるほど面白い

4 「やらない」という選択は麻薬

●「譲歩の否定」がnecessary

新しいものに取り組むときには、どんな場合でもさまざまな不安と戦うことになると思います。他人の言葉だけでなく、「そんなの無理だよ」と囁《ささや》く悪魔は、自分の中にさえ必ずいるものです。

「いいねえ、やってみなよ」と明快に言い切る天使の気持ちが自分の中で勝っていればいいのですが、「初めてのこと」や「前例のないこと」に対しては、「無理」という気持ちがどうしても先に出てくるものです。

知らないものに対する警戒心が強く出るのは、人間なら誰しもやむを得ないことなのかもしれません。

まして、それが人から勧められてやることや、強制的にやらされることなら、なおのこと抵抗が働くことでしょう。

しかし、**「やらない」という選択は麻薬のようなもの**です。とりあえず、試行錯誤するときの痛みを先延ばしにすることができるからです。

不思議なもので、人間は誰しも、長期的に「必要」とわかっていることでも、いまの痛みを避けるために、変化を先延ばしにしたいという欲求を持っています。この欲求こそが、心の中の「悪魔」です。

「必要な」という形容詞は英語でnecessaryですが、この言葉はcessary（譲歩）がneという言葉で否定されて出来上がっています。これをマインドの持ち方にこじつけると、「必要なこと」に関しては「譲歩するな」「先送りにするな」ということです。

●「何かを始めた人」と「その他大勢」で考える

私たちは、「何かがある程度上達した人」と「その他大勢」に分けたがりますが、本当は**「何かを始めた人」と「その他大勢」とで区別する**ほうがよいのかもしれません。

英語などの語学には、まさにこのことが当てはまります。

ハッキリ言って、語学は始めてから1か月や2か月ではたいしてできるようになるものではありません。でも、1年もやっていると、海外旅行でサバイバルできる程度にはなるものです。さらに数年間も続けると、ふつうの人から見れば「ペラペラ」という域まで到達できます。

私は39歳のときに韓国語を始め、週に1時間個人レッスンを受けながら、もう2年以上、勉強を続けています。ハッキリ言って実力はまったく自慢できたものではなく、韓国語専攻の学生たちなどから、笑い飛ばされてしまう程度のものなのですが、さすがに2年も続けていると、旅行でサバイバルできるほどにはなってきました。

韓国語がまったくわからない人なら、私が韓国語をしゃべっているのを聞いても、ペラペラだと勘違いしてしまうかもしれません。始めたことが板に付いてきたわけです。

みなさんが始めたいことの多くは、実は「ちょっとの勇気」があればすぐに始めることができるはずです。

「何かをやりたい、始めたい」と思う自分がいることこそ、自分を変える最良の機会であることだけは間違いないと思います。あとはその場に足を踏み入れるか入れないかだけ。

喜劇王チャーリー・チャップリンも『ライムライト』という映画の中で

「人生に必要なのは勇気と想像力、そしてほんの少しのお金だ」

と語っています。

「始めたい」自分がいることはチャンス ほとんどのことがいますぐ始められる

最初の一歩に必要なのは、恵まれた環境や莫大《ばくだい》な費用などではなく、自分の意志一つです。ほとんどのことは、いますぐに始められることばかりなのではないでしょうか。

「踊る阿呆《あほう》に、見る阿呆。おなじ阿呆なら、踊らにゃソンソン」

さあ、あなたの殻をぶち破って踊り始めましょう。

5 一流と三流の差は、失敗の数だ！

●メジャーと草野球の差

最近は、経済界で活躍している方のお話を聞く機会が増えているのですが、みなさん本当にいっぱい失敗をされていますね。すごい人であればあるほど失敗が多いのはなぜだろうかと思うくらいです。

しかも、それを面白おかしく話してしまう術《すべ》に長《た》けています。すでにそれは過去のことと割り切っているからできることではないでしょうか。

おそらくこの失敗の数の差が、一流と三流を分けているのではないかと思います。

メジャーリーガーと草野球の選手では、メジャーリーガーのほうがはるかに多くの失敗や挫折《ざせつ》を乗り越えています。

失敗せずに一流になる方法などありません。だから、**失敗はそのときだけを見るとマイナスですが、それを冷静に分析・修正するならば長期的にはプラス**なのです。

私は、間違った解答をして落ちこんでいる生徒にはよくこう言います。

「よかったなあ、間違って。そこを直せば、また点数が上がるぞ。今日間違ったおかげで、本番のテストで間違えずにすんだな。よく復習しておけよ。いやあ、よかった、よかった。全部当たったら、授業受けても、1点も上がらないんだから、全部当たったヤツは不幸だなあ」と。

●全国放送での大恥体験

私自身も失敗の数はけっこう自慢できます。

私の授業に報道番組『ワールド・ビジネス・サテライト』の取材が入ったときのことです。予備校のＩＴ化に関する取材だったのですが、テレビの取材というのはいつも、何十分も撮っていったものを、ほんの数十秒に編集して放送します。

このときは、よりによって、私が昔から間違って発音していた英単語のところが、数十秒切り取られて放送されてしまったのです。

guaranteeという単語は正式には［gæ̀rəntíː］と発音しますが、私は昔からこれを間違って［gàrəntíː］という発音で覚えていました。不運にもちょうど私がこの単語を読んでいるシーンが全国に放映されてしまったのです。英語講師としては、全国ネットで間違って発音し、教えている姿を放映され、大恥をかいたわけです。

さらにあろうことか、番組に出ていた外国人コメンテーターが、私のそのミスを放送上で指摘し、「アソコ、マチガッテマシタねえ」とご丁寧にも直してくれたのです。
「あんたの日本語もなまってるじゃないか！」と思わず叫びそうになりましたが、放送されてしまったものは仕方がありません。

次の日、予備校に行ったときも、スタッフのみなさんが気を遣って、そのことには言及せず、微妙な空気が流れており、数日間、背中に変な汗をかく日々が続きました。
まあ、でもそんなことをずっとウジウジ考えていても仕方がありません。

いつものように、**無理矢理ポジティブにこじつける**こととしたのです。
「いやあ、よかった、よかった。最近、ちょっと順調だったので、少し傲慢《ごうまん》になってたな。アクセントや発音は生徒のためにも、常に修正するようにしないと。英語が通じるからって安心していると、日本人の訛《なま》りはとれないもんな。せっかくだから、アメリカ人にお願いして、ちょっと発音の矯正《きょうせい》でもやり始めるか」

ということで、さっそくアメリカ人にお願いして、発音の矯正を始めたわけですが、そのおかげで、他にもチョコチョコと間違って覚えていた発音が見つかり、矯正する過程で、日本人が共通してミスるポイントが見つかったりと、仕事にプラスになることがたくさん発見できたのです。

また、発音やアクセントの思いこみがないか、まめにチェックするクセもつきました。いまではこのエピソードを授業での笑えるネタとして使うこともできます。

そして何よりも、私はこのguaranteeという単語の発音だけは、もう一生間違えることはないと思います。テレビ東京さん、ありがとう。おかげで私は成長しました。

ともかく失敗は、自分の傲慢を払拭《ふっしょく》し、初心に返らせてくれる大きなチャンスです。失敗を重ねると、正しい選択をかぎ取るカンが冴《さ》えてきます。無意識のうちに神経全体で身を守ろうとし、考えがシャープに対応しようとしてくるのではないでしょうか。

年齢を重ねたり、立場的に偉くなると、なかなか失敗を指摘してくれる人もいなくなるので、早い段階に一とおりの失敗や困った体験をして、「自分はまだまだだなあ」ということを知るのは大歓迎なのです。

失敗は神様がくれる素敵な特効薬なのです。

「失敗」は、傲慢と欠点を直す最高の薬

6 環境は変わるのが当たり前だと思え！

●「グズ」も人類の敵

自分の置かれている環境が変わっていくのに、自分自身は変化することができず、ただ立ち止まってしまい、結果的に状況を悪化させてしまうことはよくあることです。

これは自分の中にある、そして誰の中にもある「グズ」の仕業です。

「グズ」は「尻ごみ」と同じくらい、厄介なのです。

環境が変わったときは、その変化にあなたがどう対応していくかが、問われているのだと思います。

『進化論』のC・ダーウィンは「**この世に生き残る生物は、最も強いものではなく、最も知性の高いものでもなく、最も変化に対応できるものである**」と記していますが、まさにそのとおりだと思います。

このとき、例としてよく挙げられる恐竜は、完璧《かんぺき》なまでの体機能や構造的な強さを持って地上に君臨していたのに、隕石《いんせき》の激突などによって起こったとされる急激な地球環境の変化に対応できずあっけなく全滅。生き残ったのは、ダーウィンが記したように、最も変化に対応できた生物だったのでしょう。

こういう私も、昔は恐竜のように、何か自分のまわりが変わると、うろたえて、思考停止してしまうこともありました。

でも、変化に逆らってまで自分を守り続けていると、あっさりクビになってしまう仕事をしていたためか、幸運にも、環境に合わせて少しずつ自分も変わっていくという術を身につけることができたような気がします。

●変わらないと面白くない

競争や移り変わりの激しい受験産業という業界で、私はフリーランスという立場で、20年間過ごしてきました。知人には

「まだオマエ、残っているのかよ」

と驚いてもらえます。

しかしその激動する環境のおかげで、次のような思考回路を身につけることができました。

環境が変わるのは当たり前
↓
変わらないことのほうがおかしい
↓
変わらなければ面白くない

受験の世界では、生徒たちが必要としている知識やテクニックが、毎年どんどん変わっていきます。この変化に対応できないと、すぐに生徒たちの支持を失ってしまうことになるのです。

私もついつい「イマドキの生徒たちは……」などと思わず口走りそうになることもあるのですが、こんな言葉が出てきそうになった時点で、予備校講師としては後退してしまっています。

浪人生中心から現役生中心への変化や、通学距離の変化、デジタルな教育機器に対する抵抗感の低下などなど、職場環境は日々変わっていくものですから、変わることができない私のほうが悪いのです。この業界で安定を求めるには、環境の変化に応じて自分を変えていくしかないのです。

ただ、これは予備校業界に限ったことではないと思います。何年かの間、自分のまわりの状況が何も変化しない経験があると、私たちはこれからもずっと何も変わらないと錯覚してしまいがちです。

昨今の金融危機の前までは、世界中の先進国のほとんどの人が、金融システムはクラッシュせずにこのままの状態で安定しているという幻想のもとに利殖に励んでいました。１９８０年代のバブルのときもそうでした。

現代社会で「変化しない真理」があるとすれば、それは「すべてのものは変化するということ」だけなのかもしれません。

だから、**自分を取り巻く環境は常に変化するということを前提にしてしまえば、気持ちは楽になります**。変化したらどうしようとビクビクしているよりも、そのほうが精神衛生上ずっといいのです。

「どうせ、自分のまわりの環境は常に変わるんだから、自分もいつでも変わっていくぞ」と割り切ってしまいましょう。きっとそうすることが、最高の安定感をもたらしてくれるのではと思います。

もちろん誰にも、これから時代がどう変わっていくのかはわかりません。

でもそんなとき、「そんなこともある、さぁ楽しみだ」といつも考えることにしています。そういう思考回路が身につくと、日ごろから、「どんなタイミングで新しいことを仕掛けるか」が、楽しくなってくるのです。

●生の授業はビデオの授業に負けるのか

たとえばこんなことがありました。

私の勤める予備校が、突然、本格的にビデオ授業を導入したときのことです。

「これからは生の授業ではなくて、放送による授業がメインになる」と誰もが察知したとき、私たち講師はみな、とまどいました。もしも放送がメインになったら、しかも生放送ではなく、ビデオを駆使したものが主流になったら、パフォーマンスの高い講師が少数いるだけで経営は成り立ち、相当な実力がなければ生き残れなくなってしまうからです。

「生の授業がビデオに負けるわけがない」という考え方も中にはありましたが、テレビ世代の生徒たちには、それは通用しないのでは、と私は直感的に思いました。就業数年目にして最大のピンチです。

また一方で「生の授業がいいか録画による授業がいいかは、結局は生徒が決める」と、「なるようになれ」という楽観的な考えもありました。だから初めての録画による授業にも積極的にチャレンジできたのです。

それまでの私の「生」の授業は、おかげさまでまあまあ人気があったのですが、その授業は簡単に言うと、人生訓やらギャグで興味を持ってもらい集中させた後に、短時間で要点を教えこむという、従来の予備校スタイルでした。

運良く、衛星ビデオ放送の枠を1ついただいた私は、まずはふだんの生の授業どおり、迫力満点にビデオ授業を行なうことにしました。しかし、遠くからカメラで収めると、ライブの迫力やテンションが吸い取られてしまい、音量も調節されるために声の大きさも伝わりません。

その結果、生授業では自称「迫力満点」な授業も、画面の中では、単調になってしまうのでした。案の定、衛星放送で見ている生徒の評判は芳しくありません。

そこで、次年度からはそれまでの授業スタイルを一切捨てて、後述するテレビ向きのスタイルを試行錯誤してみました。これらの中には不評だったものもありましたが、うまくいったものもありました。

そんなこんなで、いまや、私の授業の演出や仕組みは完全にテレビ向きになってしまったのですが、逆にこのことが生の授業にも新鮮さを与えてくれています。私は思い切ってやり方を変えることで、得をすることができたわけです。

こうした劇的な環境の変化は、どの業界でも多かれ少なかれ経験せざるを得ないものでしょう。

たとえば書類や資料は、紙ベースのものからデジタルデータに移行することでビジネスの進め方は大幅に変わりました。

地球環境に対する意識が高まるにつれ、多くの企業では、地球に配慮した活動を前面に押し出しています。また食品の偽装問題で揺れる昨今、価格の安さ、おいしさが一番の選択基準だった時代から、添加物も含めて本当に健康に配慮されていると証明できる食品が脚光を浴びる時代になっています。

時代の変化、うねりに合わせて仕事内容を変えていくという点では、他の業界でもまったく同じです。

変わり続ける現代で、安定するための唯一の方法は「自分も変わり続ける」こと。

でも、完全に先が見える人生より、変化があったほうが、ワクワクしますよね。

まわりの環境は必ず変わる
自分も変わり続けることが唯一の対処法

7 苦況を救うのは「遊び心」だ

●ビートルズのアルバム革命に学ぶ

さて、放送による授業が予備校に導入されたとき、自分の授業の魅力は、録画でも「絶対、通用する」と考えていたので、私はありったけのオモシロネタを集めてスタジオでの収録に臨みました。

ところが、そのとき録画された授業は大惨敗。

原因はすぐわかりました。録画された私の授業をモニターで見てみると、実際に目の前に生徒がいないこともあって、生徒の意識がどこにあるかなどおかまいなし。文字どおり、ひとりよがりのしゃべりっぱなしの授業が展開されているだけでした。

新しいチャレンジには、望まなくても失敗が待っています。少なくとも私の場合は常にそうでした。いま考えると、オレはバカだったなと思えることでも、そのときは「それが正しい」と思いこんでしまうので、人間は不思議です。

結局、このような**思いこみを打破するには、一度失敗を経験して、新しいアイデア**

で対抗するしかありません。ここで考えすぎて、躊躇《ちゅうちょ》ばかりしていると、どんどんダメな方向に物事が進んでいくのです。

そのとき私が、悩むよりも先に思い出したのが、ビートルズでした。

笑われるかもしれませんが、私は「生の授業から放送への移り変わり」を、ライブを一切やめ、スタジオ録音のアルバム作りに限定したビートルズに似ているなあと思ったのです。

ライブミュージシャンとしてやっていた彼らが、ライブを見切り、スタジオでの楽曲作りに専念したときに生まれたのが、伝説のアルバム『サージェント・ペパーズ・ロンリーハーツ・クラブバンド』です。そのアルバム完成度は、『サージェント〜』以前―以後と、ビートルズの音楽的価値を二分してしまうほどのものでした。

従来のアルバム作りでは、悪く言えば、出来上がった曲をかき集めて仕上げていただけのものが、『サージェント〜』からは、バンドの思想、哲学を表現する壮大なストーリーに進化していました。

私の仕事はライブをそのまま録画授業に使っていただけ。これは生の授業ではないのだから、放送メディアに適した、あらゆる技術と演出を駆使しなきゃいけないんだと、気づいたのです。

偉大なビートルズと自分を比べるのは、読者のみなさんだけでなく、自分でもどうかと思います。でも私はそのとき、この気づきが楽しくて仕方なかったのです。

そしてこの遊び感覚が、自分に力を与えてくれました。

「これからは教室ではなく、スタジオで授業を作る時代です」。さっそく私は、予備校の幹部のみなさんに、この『サージェント〜』のCDと、同じくスタジオ録音の名盤、クイーンの『オペラ座の夜』を持参して熱弁しました。

最初、「何を言っているんだコイツは？」くらいにしか思われていなかったと思いますが、私は失敗を通じて、新たなアイデアを試したくて仕方がない気持ちになっていたのです。

●授業を一枚のアルバムと考える

「これからはただ授業の撮りっぱなしを流すのではなく、スタジオでじっくり作りこんで、完成度の高い授業コンテンツを流しましょう」

授業の第1講から第20講までを、一枚のアルバムと考え、ストーリー性と完成度の高い講義を目指すべきだと提案したわけです。

この提案が通り、クオリティーの高い録画授業が予備校の主力になっていくのに長い時間は必要ありませんでした。多くの生徒のみなさんが、このタイプの授業を選択するようになり、彼らの成績の伸び率や合格率も格段にアップしました。

このことは偶然だったかもしれません。

しかしどんな業界でも、5年に1度くらいは劇的な変化の時を迎えるものです。こんなときヒントにしたいのは、先に劇的な変化を経験した他業種で、その変化を乗り越えた人々の経験です。**そのような人たちは例外なく、一度自分のやり方をリセットし、どこかで遊び心を感じながら、新しい方向性を模索しています。**

もちろん、基本的な哲学までコロコロと変える必要はありません。ビートルズもクイーンも、初期と後期で音楽のスタイルは時代に合わせて大きく変化していますが、どちらの時代のものを聞いても、『彼ら』としか思えない圧倒的な個性を示しているのですから。

どこかに「遊び心」があれば、変わりやすくなる

8 楽しんでいる達人を見つけよう

●尊敬する人からモチベーションをもらおう

まだまだ足下にも及びませんが、私が尊敬する英語の達人に、國弘正雄先生がいらっしゃいます。日本の同時通訳の草分けとして、よく知られた方です。

ＮＨＫ上級英会話やニュースキャスターとして活躍、さらには上智大学で教鞭《きょうべん》をとられ、参議院議員も務められるなど多くの顔を持たれるエネルギッシュな方です。

私が大学２、３年生のときの、「政治経済英語特講」の先生で、小難しそうな講義名の割には、その授業に先生は気軽に手ぶらで入ってこられ、日本語、英語入り乱れての大独演会が始まるのでした。

「オレがゴルバチョフに会ったときは……」「ケネディはこう言ったが……」と、かつて同時通訳として政治家とともに外交の現場にいた経験を生かして、ありったけの政治漫談を巧みな話術で語られるのです。それは生きた政治経済や社会事情を、現場の英語で伝えてくれる、実に魅力的な講義でした。

先生の話を聞くと、本当に歴史の生き証人なんだなということがわかります。アポロの月面着陸のときのＮＨＫでの歴史的同時通訳は、國弘先生の仕事です。またあるときは、ガンジーに会ったときの話だったりします。まさしく教室に世界を連れてきてくれる先生でした。親分肌、サービス精神旺盛《おうせい》、次の世代を育てようという意欲等々、いつかは英語を駆使してこういう人になりたいと憧《あこが》れたものです。

●英語に対する考え方が一変する

私が英語を学びたかったのは、英語を「実際に使えるようになるため」でした。私は帰国子女でもないし、留学経験もありません。

九州の田舎で、たいしてお金をかけられたわけでもなく、ごくふつうに義務教育から県立の高校へ進学し、１年浪人して都会の大学へ滑りこんだ男です。

そんな自分が英語をやるにあたって考えたのは、「ヘタでもいいから実際に使える英語をマスターしてやろう」ということだったのです。

ところが大学での多くの勉強は「使う」のではなく、「研究する」ものだったように思います。専門の講義は文法や文献の研究、英米文学の研究も多く、英語を勉強していることには違いないのですが、私の目的とは少しズレがありました。

そんなときに國弘先生に出会ったのです。

教室に緊張感がみなぎり、時に笑いが起こる授業に出会い、蒙《もう》を啓《ひら》かれたというわけです。日米の外交の架け橋が使ってきた、日本人による「使える英語」を目《ま》の当たりにしたときの衝撃は、私の英語に対する考え方を一変させるものでした。

「英語とはこれだ！」

國弘先生の英語教育の方針は、「音読を中心とした実用英語教育」です。私が予備校で実践し、好評をいただいているスタイルは、別に私が作り出したものではなく、この方法論を私なりにアレンジしただけのものです。

そしてこの方法をできるだけ多くの人に伝えていこうと、日々頑張っています。

一生つきあっていこうと思う目標ができたら、その道の達人、自分が目標とする人物の話を聞くために、どこまででも足を運びましょう。

達人のホンモノの技に触れることは、何冊の本を読むよりも大きな刺激になります。交通網と情報網がこれだけ発達している現代ですから、ホンモノに触れるためのハードルは、以前よりグッと低くなっています。

以前、大学に進学したけれど、その大学の講義の内容にどうしても満足できず、別の大学の講義に潜りこみ、聴講をし続けた教え子の大学生がいました。

熱心に勉強する彼は、他大学の学生であったにもかかわらず、ある教授に気に入られました。最終的にはその教授のいる大学院に進学し、自分の好きな研究に励むための最高の師と環境を手に入れたのです。

自分の人生を変えるような達人を見つけるのは、難しいときもあるでしょう。しかし諦《あきら》めてはいけません。

良い講義やホンモノの技を見るためなら、どんなに遠くにでも行ってやるぞ、という意気込みが、あなたに幸運な出会いをもたらすのです。

達人の技は書籍より刺激になる
それに出会うため千里の道を歩こう

PART 2
落ちこみキャラを変えろ!

『落ちこみ』は人類の敵です。

不思議なもので、人生における物事というものは、暗い方向に考えてしまうと、本当に暗いことばかり起きるようになってしまい、逆に明るい方向に考えていけば、明るいことばかりが起きるようになるものだと思います。

私の人生を思い返してみても、苦境のときに、「気の持ちよう」一つでどれだけ救われてきたかわかりません。逆に、後から考えてみると、つまらないことで悩み、時間をムダにしていたこともたくさんあります。

この章では、その気の持ちようについて考えていきます。

「気の持ちよう」のことを英語では「マインドセット」と呼びます。

この章の目的は、みなさんのマインドセットを、みなさんの理想を実現するために、根本から改造することにあります。

決して難しいことではありません。とりたてて強い意志を必要とするものでもありません。考え方のスイッチを切り替えるだけのことです。

嫌なこと、つらいこと、困難なこと、災いに出会ったときに、それをどう受け止めればいいのかについての、ちょっとした技術的なコツだと思ってください。

私たちは、日常の喜び、幸せを、「当たり前」のこととしてあまりにも軽視しがちなのではないでしょうか。

たとえば、時間がなく急がなくてはいけない昼食の際、ごく近くのお店でカレーライスを食べるとします。

そのとき「カレーライスを食べられる」と思うか、「カレーライスしか食べられない」と思うかでは、おいしさがまったく違ってくるものです。

マインドセットのスイッチを切り替えれば、まわりにある素敵な物事に目が向くようになります。

気の持ち方、考え方を変えるだけで、世の中がどれだけ希望や可能性に満ち溢《あふ》れているかわかるはずだと思います。

大げさに聞こえるかもしれませんが、私たちのすべての行動を良い方向へと導き、加速させてくれる原動力になるものが、ポジティブなマインドセットなのです。

さあ、いますぐに、あなたの中の「落ちこみ」を退治しましょう。

1 マインドセットを変えて自分を変える

●プラスの面を見るようにする

先日、神社の前を通っているとき、そこにあった掲示板で、今年が私の「厄年」だと知りました。

不思議なもので、自分は厄年だと思いこむと、身のまわりで起きるちょっとした悪いことでも、過剰反応してしまい、「自分は悪い方向に進んでいるんだ」と思ってしまいます。

ちょっとした仕事のトラブルや、ニュースでの暗い事件、景気の低迷など、マイナスのことばかりに目がいくようになり、「今年はツイていない➡やっぱり厄年だからだ」と本気で思いこんでしまいます。

仕事中にもつまらないことを考えてボーッとしたり、マヨネーズが一度にドバッと出ただけでもツイてないと思いこむに至っては、なんて俺はバカなんだと、落ちこんでしまいました。

スポーツの世界では、ネガティブな思いこみが悪循環するとき、それを「スランプ」と呼びます。マイナスの思いこみが、マイナスの行動を起こし、その行動からマイナスの結果が生まれ、再びマイナスの思いこみを正当化します。

私の場合、ちょっと客観的に考えれば、受講してくれる生徒や、著書を読んでくれる読者のみなさんがいる。元気な家族と毎日、ご飯を食べることもできる。

こんなに幸せな年はないはずなのです。

「今年は厄年だから悪いことが起きる」。このような物事に対する見方も、「マインドセット」と呼ぶことができます。

当たり前ですが、マインドセットは、ネガティブであるより、ポジティブであるほうがいいに決まっています。

ここで、ヒントになる存在に気づきました。それは子どもです。

彼らは、**ポジティブ・マインドセットの天才**だと思います。そもそも世の中で一番偉いのは自分だと思っているし、「自分大好き」なナルシストです。

かけっこでもお絵かきでも、最初に何かをするのが大好きで、実際に一番になると「イチバーン」と公言してはばかりません。いじめられて泣いていても「僕、泣いてないもん」とくるのです。

自己肯定も欲望実現も、空想の世界まで持ち出して、自分の気持ちを安定させることに長《た》けています。自分の気持ちがネガティブな方向に決して向かわないように、**気持ちよく生きていけるような仕かけを心の中に持っているのです。**

残念なことに大人になっていくにつれて、この仕かけが弱くなっていくようですが、大人の生き方の中にこそ、こうした仕かけだけでも、もう一度取り入れたいものです。よく、成功した企業家などを「子どものような心を持った人」と形容しますが、それは言動に前向きな要素が多いことも一因でしょう。

考え方だけでも子どもに戻ってしまうことは、「ポジティブ・マインドセット」を手に入れるための重要なテクニックの一つです。

大人はまわりの目を気にしたり、将来のことを心配しすぎます。楽しいことばかりを探し求めて、嫌なことはあっという間に忘れてしまった、あの子どものころの自分を取り戻しましょう。

●変わるために必要なリセット

もしみなさんが、自分を変えたいと思うならば、表面的なことよりも、まず最初にみなさんの行動を命令している「心の中」を、リセットする必要があります。

心の中のプラス部分を増幅させせよう

同じ出来事でも、ポジティブなマインドセットを持っている人とネガティブなマインドセットを持っている人では、捉え方がまったく変わります。

たとえば、うっかりスピード違反をしてしまって、警察に捕まってしまったとしましょう。ネガティブに考えるならば、「罰金も払わなければならないし、減点もされる」ということだけを悔やみ、その違反の意味を考えません。またそのことが仕事に悪い影響を与えてしまうこともあるでしょう。

しかし、ポジティブなマインドセットを持った人は、「大きな事故を起こす前に、自分の運転を見直すいいチャンスを得られた」と、プラスに考えられるのではないかと思うのです。そうすれば、仕事や家庭に悪い影響が及ぶことはありません。

生活の中には、プラスとマイナスがあります。大切なのは、プラス部分に大いに感謝し、マイナス部分でさえプラスに考えてしまい、プラスを増幅させることなのです。

2 自分を騙す儀式を作れ！

●マインドセットは自分で作るもの

何をするときでも、**気持ちよく生きていける思いこみの波長を作り出すことが最初のステップ**です。

予備校でも、受講生のマインドセットを切り替えることを最重視します。最初の講義などで、いきなり授業に入るのではなく、ガイダンスから入って心構えを指導するのはこのためです。

予備校に来る生徒たちの中には、残念なことですが、「両親に言われたから通っている」という生徒や、「友だちが予備校に行ったから自分も」というような子も少なからずいます。また、何のために大学に行くのかが明確になっていない子もたくさんいます。

これはきっと、本人にとっても「気持ちのいい」ことではないですよね。

そこで、初回の講義では、そのような目にチカラのない生徒たちに、受験の後に待っている将来の目標についての話をします。他人に強制されたり、仕方がなくやっている彼らの意識をだんだんと、「自分のためにやっていくんだ」という意識に変えていくようにするわけです。

確固とした目標が生まれると、人は目にチカラが出てきます。そして、そうならない限り、予備校に来ても、成績は上がらないものなのです。

●3回音読がスタートの儀式

このような儀式によってマインドセットを作ることは、予備校だけでなく、みなさんの毎日の仕事や勉強にも大いに役立ちます。

「毎日英語の勉強をしたいのですが、始めるとき、グズグズしてしまうんです。何かいい方法はありませんか」と聞かれたとき、私は「まずその日に学ぶものを3回で構わないので、音読しましょう」とアドバイスします。

自分なりのスタートの儀式を作るのです。

もちろん、たった3回程度英文を音読しても、暗記できる人は少ないと思います。しかし、英文は3回読めば、全体のリズムがつかめるようになります。次の5回を読むときの抵抗感が薄れていきます。さらに、その5回がうまくいけば、うまくいったからもっと読んでみようというプラスの循環が生まれるわけです。

最終的に数十回読めば、その文をマスターすることができるわけですが、最初から50回読みなさいと高すぎる山を見せてしまうと、手をつけるのをためらってしまいます。

これと同じようなことを聞いたことがあります。

ダイエットを成功させた友人の話。

「一日5分、心の中で痩《や》せろと念じながら、痩せたい部分を両手で揉《も》むと、それにつられて体を動かしたくなった」と言うのです。

またビジネスマンの知人は
「毎朝、社員通用口を入る前に『**It's showtime!**』と口にしている」と教えてくれました。

このような**儀式は、これから何としてもやるぞ、という気構えを形にしていくもの**です。

共通点は、まずは小さな誰にでもできそうな行動に関して、「それができれば大丈夫」と思いこんでしまうことです。ちょっとした小さなことができるようになると、次のステップも「できる」というプラスの影響を与えるわけです。

一つできるようになれば、次が面白くなる。この好循環を手に入れることが大切なのです。

●オリジナルの儀式を見つけ出す

「やる気に満ちた生き方」のために、最初にできる簡単なことをいくつも考えてみましょう。

欲張る必要はありません。本当に小さな儀式から考えてみるのです。みなさんだけのオリジナルの、簡単なことでかまいません。短時間でできるほど、次のステップに移しやすいからです。

「起きたら、すぐにメールの送受信をする」
「寝る前に明日の仕事の準備だけはしておく」
「トイレに座ったら、単語集を開いて1ページだけ読み上げる」
「寝る前に取りたい資格の対策本を1ページだけ眺めてみる」

このようなことでいいのです。

私は、何かを始めてしまうと、ある程度集中してできるのですが、始めるまでに時間がかかってしまうタイプ。

自分を騙す儀式は大きな成果への第一歩

読者のみなさんの中にも、このようなタイプの方は多いのではないでしょうか？

「書類を整理しなきゃ」と思っていても、思っているだけで一日が過ぎてしまったということが私にはよくありました。

そこでいろいろ工夫して、**自分を騙《だま》し騙しスタートさせる技術**をいろいろ考え出しました。今では、そうならないように、「事務所に着いたら、その日の書類をカウンターに横に並べてみる」という簡単な儀式を行なうようにしています。

このような儀式を行なうと、不思議とそこで終わることはなく、さらに仕事を続けることができるのです。

3 マインドは貯蓄できない

●ポジティブはその都度、調達する

不思議なことですが、マインドは、「やる気」であれ「元気」であれ、貯蓄することはできません。人の「やる気」は、溜《た》めこんで、肝心なときに使うということはできず、すぐに霧のようになくなってしまうのです。

つまり、ポジティブな思考は、その都度その都度、自分で調達し続けないとダメなんだと思っていたほうが、気が楽になります。

「自信」であれ、「優しさ」のようなものであれ、それを失わないためには、いつも**マインドのメンテナンスをしなければならない**ということです。

昨日うまくいっていれば、ほんの少しくらい余韻《よいん》が残っていてもよさそうなものですが、通帳の残高にたとえれば、一日ごとにポジティブの残高はゼロになっていると考えましょう。毎日がゼロからの再出発というわけです。

ひねくれ者の私でも、「今日の先生の授業からパワーをもらいました」と生徒が言ってくれると、とても嬉《うれ》しい気持ちにはなります。しかしそこでは、あえてこう言うことにしています。

「パワーは、貯金できないよ。特に人のパワーをあてにしてると、その人がいなくなったら大変だよ。自分でパワーが作れるようにならなきゃね」

すると生徒たちはそれぞれに、奇妙な儀式を編み出してきます。

「勉強する前に、必ず30分のタイマーをセットすることにしました」

「毎週月曜日に授業の質問のハガキを送っています」……etc.

こんなちょっとしたことでいいのです。

大人になるにつれ、このような儀式は、自分の仕事やそのときの勉強に沿ったものに変わっていくでしょう。

人間は励まされて動くものです。**自分で自分を励ます仕組みを作ってしまえば、どこまでも走り続けることができます**よね。

マインドにはメンテナンスが必要 自分を励ます仕組みを自分の中に作ろう

4 「なぜ仕事をするのか」を問い続ける

●自己実現の願望はエネルギーを生む！

多くの人が自分の夢の実現を思い描き、そのためにはどんな苦労もできると思っていても、思ったよりそれが長続きしないのは、このマインドのコントロールが、難しかったからでしょう。

心理学やマーケティングの世界でよく使われる「マズローの欲求段階説」をご存じでしょうか。

アメリカの心理学者であるマズローは、人間の欲望がピラミッドのように段階になっていると述べ、一番下の階層の欲求が満たされると、その上の段の欲求を満たそうとすると述べました。

1番下の階層は、**「生理的欲求」**です。飲食や排泄《はいせつ》の欲求は、何物にも代えがたい、生きる上で欠かすことのできない欲求だからです。

2番目は**「安全の欲求」**です。食べることができたあとで、身の危険にさらされないようにしたいと考えるわけです。

3番目の欲求が**「親和の欲求」**というもので、これは他者と関わり合いたい、他者と同じようにしたいという、集団に帰属したいことを示す欲求のこと。

次いで4番目は**「自我の欲求」**という、集団から自分が尊敬に値すると認められたいという欲求があります。

さらに最後のピラミッドの頂点、5番目の階層では、**「自己実現の欲求」**を持つに至ると説いたわけです。

自己実現、すなわち自分の能力や可能性を発揮して、よりクリエイティブな活動に身を投じたいとする欲求です。

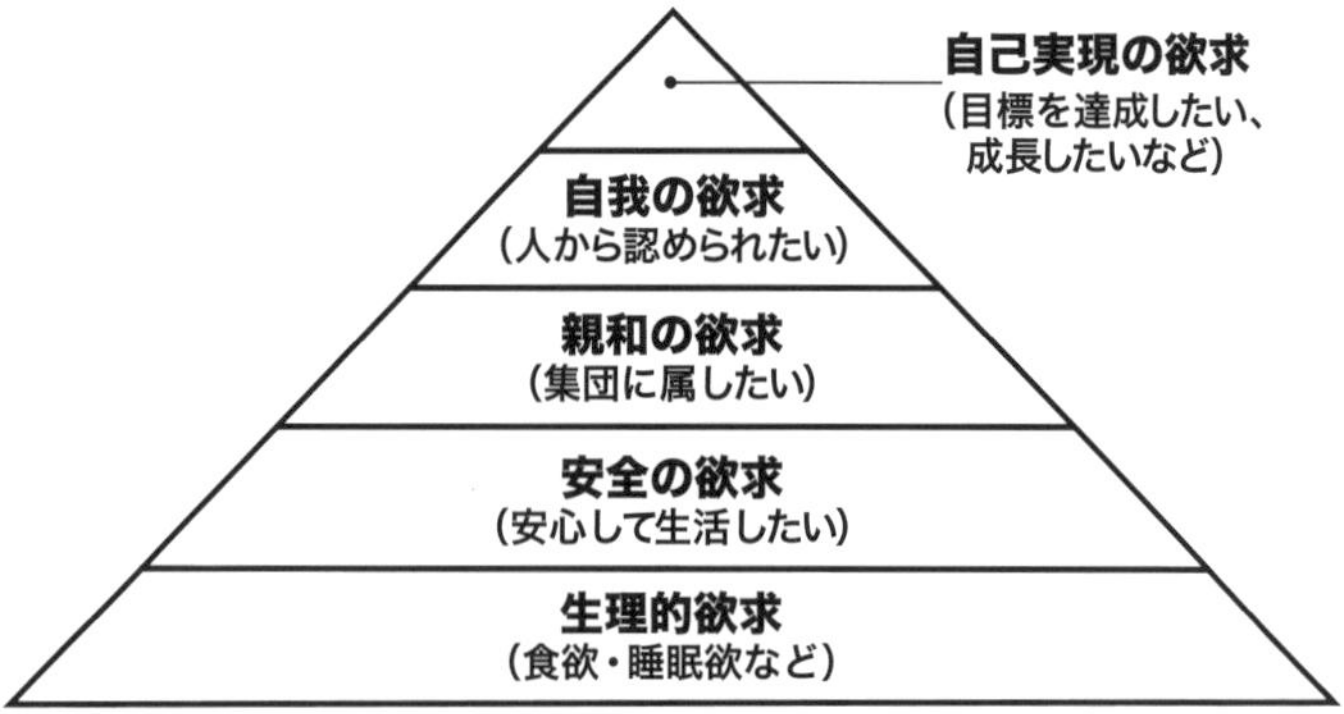

●目標を持つことの意味を知る

こうして見てみると、社会が豊かになり、より下の階層の欲求が満たされてくると、さらに上の欲求の実現を目指して人が動こうとしていることがわかります。

「新しい自分に変わりたい」「何か新しいことをしたい」と思い、自分が納得できることや、「これさえあれば幸せになれる」と思えるものが見つかれば、何でも犠牲にすることができるということは、明らかに頂上である「自己実現」を目指しているのでしょう。

いまの自分を超えたい＝新しい自分に生まれ変わりたいという意志は、「変われば自己実現できる」という期待の裏返しなのです。

ということは、自分を変えるためには、これまでお話ししてきた、ポジティブな考え方に加えて、この**ピラミッドの頂点である「自己実現」の目標をしっかりと持つことが重要**になってきます。

たとえば私たちが仕事をする理由を、この説に当てはめてみましょう。

①「毎月生活するためのお金が必要だから、この会社で働いています」
②「安定した大企業だから、この会社で働いています」
③「多くの人が働く会社なので、この仕事をしています」

④「自分が必要とされているので、この仕事をしています」
⑤「将来自分が達成したい目標と会社の理念が一致したので、この会社で働いています」etc.

①に近いほうの動機で活動している人ほど、転職などを繰り返しがちで、⑤に近いほうの動機で仕事をしている人ほど、ねばり強く、へこたれずに頑張ります。

また、①に近いほうの動機でやっている人ほど、すぐに目標をずるずると下げてしまいがちです。

「ねばり強さ」「頑張る力」「日々の充実」を手に入れるためには、ピラミッドの頂点に近い目標を持つことが大切なのです。

●社会人は自分で命題を確認する

たとえば受験生だったら、「なぜ、その大学に入りたいのか」、「なぜその学部に入りたいのか」などから始まって、「なぜ法学部なのか」、「法学部に入って何をするのか」、「司法試験を受けるのはなぜか」、「なぜ弁護士になりたいのか」、「弁護士になって何をしたいのか」ということを考えていくような指導ができます。

ある生徒はなぜ勉強するかという私の問いに、自分は政治家になって、汚職まみれの政界を正したいと答えました。「政界にモラルを取り戻すために政治家になり、有効な解決策を提案したい。ついては政治家になるための下地を作る勉強のために、○○大学の政治経済学部を第1志望校にする」と述べました。

英語の勉強に関しては、「将来、国際会議の場に出たときに、自分で発言し、各国の政治家と渡り合いたい。その基礎を身につけるために英語を学びます」と言ってくれました。

彼も最初はただ何となく入りたいだけだった大学について、なぜなのかという問いを立てて、理詰めで考えるようになったのです。

しかし**社会人になると、そういうことを気づかせてくれる存在が少なくなります**。「なぜあなたは仕事をするのか」と、誰も聞いてはくれません、だからその命題をいつも自分で自分に問いかけていなければならなくなります。

そして命題を真摯《しんし》に考えれば考えるほど、最終的に何のために生きるのかというところまで考えるようになります。

それは、一言で言えば、**自分は何をすることで、この社会に貢献できるのだろうか、**ということです。極めて当たり前かもしれませんが、このことは本当に素敵な考え方だと思います。

マインド＝「やる気」とは、生きている意味のことだと私は思います。

無気力と呼ばれている人のほとんどが、ただ単に、いまのところ生きる意味を**真剣に考えていないだけであって、これから見つける人**だと思います。

人生で達成すべき目標、ライフミッションを持つことこそが「やる気」を持続させるための究極のエネルギー源なのです。

自己実現の欲求はねばり強さを生む

5 『1年リセット』でスキルアップしろ！

●私は毎年リストラ要員

せっかく築きあげたポジティブなマインドセットも、台風の連続のような人生において、降りかかってくる変化にうまく対処できなければ、吹き飛ばされてしまうかもしれません。そんなときの心の対処法を考えてみましょう。

やる気をそぐような出来事は、実際の生活では枚挙に暇《いとま》がないほど訪れます。子どものように見事なポジティブな気持ちが、徐々にネガティブな色に染まっていってしまいます。

私の会社も、予備校という企業との企業間契約で仕事が成立している商売ですから、言ってみれば、常にリストラ要員として名を連ねているようなものです。未来永劫《えいごう》、安泰などということはありえない世界に身を置いているわけです。

おまけに、生徒や父兄からの苦情や、仕事上の失敗、予備校の方針転換などの、台風とも低気圧とも呼べるようなことが毎年やってくるのです。

20年も働いていると、台風が来ても、そうそう簡単にはマインドセットが破壊されないように心の中の準備をするのが、上手になってきました。

「自分の人生は紆余《うよ》曲折を経るかもしれない、けれど最終的に大成功に終わるんだ」と、私は何の根拠もなく信じることにしています。

手相に凝っていた大学時代の友だちが、私の手の運命線を見て、「すごいなー、安河内、これは。まっすぐ伸びていて、絶対成功する人の運命線だ」と言ってくれたことがありました。

他の生命線や知能線に関するするコメントはパッとしなかったので、すべて忘れてしまいましたが、その都合のいい部分だけよく覚えていて、何かトラブルがあったり、行き詰まったときは、自分の手を見て「オレはうまくいくんだ。いまは一時的な停滞だ。これは修行だ。これを乗り越えることが成功への道なんだ」と考えます。

後日、プロの占い師にそのことを言ったら、「それは手相の見方が違うんじゃない？」と返されましたが、それも忘れることにしました。

●仕事は1年単位で考える

契約を更改しながら働くことの良い点は、仕事を常に1年単位で考える習慣が身につくことなのです。私は20年この仕事を続けていますが、常に「仕事は今期の契約まで」と考え、同じ状況がずっと続くとは決して考えません。

このことは、いい意味での緊張感を生み、いまの仕事へのありがたみを高めてくれます。もしも、来年も、再来年も仕事があり、さらに収入が段階的に上がっていくということが前提だったら、いまの仕事のありがたみより、失うことの恐怖のほうが大きくなってしまうでしょう。

この考え方は、会社員のみなさんにも生かせるのではないかと思います。

仕事をしている人であれば、転職、左遷、出向、転勤などの配置換え、解雇、取引の中止、派閥からの離脱や派閥の統合、企業合併、上司の交代、取引先担当者の交代など、不可抗力とでも呼ぶべき、突然の現象から逃げることは不可能です。

まさに仕事は台風の連続であると覚悟して、しかしながらずっとその台風が続くことはないと、ふだんから考えていくのです。

いまの仕事は、次の3月31日まで。4月1日からの新たな仕事のために、日々スキルアップに努力していきます。そして、3月31日になっても、自分の会社でもう1年やってみようと思うならば、辞表を出さずに「自分契約」を次の3月31日まで延期すればいいわけです。

会社としても、このように自立して、毎年スキルが上がっていく人材は最も貴重な存在です。

本質的部分では、会社との関係も良くなることは間違いありません。会社員もフリーランスも違いはないわけです。

いますぐに、この「1年リセット」方式を始めてみませんか？

●バカになってしまえばもっと楽しい！

私は予備校講師という仕事をベースに、教育コンテンツを企画制作する小さな会社の経営、参考書執筆などいろいろな仕事をやっています。いまのところ毎年、予備校と契約を更新してもらって、少しはまわりに影響を与える仕事ができるようになったことを本当に感謝しています。

失敗と成功の繰り返しだったこの期間を振り返ってみると、本当にムチャクチャなことばかりやってきたなあと思います。

22歳のとき「大手の予備校講師になろうと思うんだけど」と言い出したときには、当時勤めていた塾にいたほとんどの講師が「無理だよ」「バカだなあ」の大合唱でした。

20代の半ばに「参考書、出そうと思うんだけど」と言い出したときには、まわりのほとんどの人が「売れないよ」「厳しいぞ」という感じでした。

また同じ時期に「会社を作ってみる」と言い出したときにも、ほぼ全員が、「すぐにつぶれるよ」「素人には無理だよ」と貴重なアドバイスをくれました。

その後もいろいろと新しい試みをするたびに、「バカなことはやめておけ」という助言をもらい続けました。

私はこうした声を聞きながら、いつも予備校で教えている生徒の顔を思い浮かべていました。

おそらくは、彼らの多くが、こうしたまわりの人たちの忠告を受けながら、自分の根拠のない自信を消され、小さな子どもが生まれながらにして持っていた、冒険心やポジティブなマインドセットを摘み取られているのかもしれない、と。

私は幸運にも九州人。負けず嫌いのせいか、無理だと言われれば言われるほどファイトがわいてきます。おかげで、周囲のネガティブな意見をはねのけることができました。

人生には、やりたいことをやる時間が足りなさすぎます。

まわりの人間が「無理だ」と言うたびに、落ちこんで、無難な道を進んでしまえば、「いつか……してみたい」と口ずさむだけで人生はすぐに終わってしまいます。

日本人は真面目《まじめ》すぎます。

すぐに確率論だけで、なんでも否定してしまいます。

もっとバカになりましょう。

まわりの目を意識するのをやめましょう。

あと数十年であなたは死にます。まわりの人たちも死にます。

あと100年経《た》ったら、あなたのことも、あなたの失敗のことももこの世界から消え去っています。

だったら、バカになって好きなことをやったほうが得だと思いませんか。

「1年リセット」方式は緊張感を高める マインドに襲いかかる台風も防げる

PART 3
浪費キャラを変えろ!

『浪費』は人類の敵です。

お金や時間の浪費に慣れてしまうと、みなさんの貴重な人生をムダ遣いしてしまうことになりかねません。

もちろん、まったく浪費しない人など、私も含めて、この世にいないのかもしれませんが、ここでは、生活から少しでもムダを省き、人生を楽しくする方法を一緒に考えてみましょう。

しかし、
私も浪費という悪魔に何度も誘惑されてきて、その誘惑に負けたこともあります。

「お金で反省したり、後悔することは、人にとって最もダメージが残る」

ということに気がついて、お金の使い方がちょっとはうまくなったような気がします。

「オレは人より自己管理がしっかりしていて、ムダ遣いなんて一切していないよ」という人にとっては、この章は必要ないでしょう。むしろちょっと気を抜くと、ムダ遣いしてしまいがちな、私のような人にぜひ読んでもらいたい章です。

日本では昔から「お金はいやらしいもの、あまり話題にしてはいけないこと」、そんな風潮が長く続いてきたように思います。

書店やウェブでは金融に関する情報が氾濫《はんらん》し、大人たちが株取引や為替を話題にすることが、ごく日常的になっている現代。

だからと言って、他人の家庭のやりくりや懐具合を互いに相談するような場面は滅多にありません。

まして子どもに対しては、お金の話題が、まだまだはばかられるというのが現状でしょう。

事実、学校などでも、お金とのつきあい方の教育は、小、中、高校とほとんど行なわれず、その大部分が家庭に任されている気がします。

そのせいか、あまりにもお金にウブすぎて、大学生がクレジットカードで借金するのが平気だったり、社会人でも多重債務に陥ったり、さまざまな悪徳商法に簡単に引っかかってしまうケースを、多く目にするようになりました。

「お金は、つきあい方次第でその人の幸せに大きく影響を与える」と考えてしまいましょう。

いますぐに、あなたの中の「浪費」を退治しましょう。

1 『収入3分法』で違う自分になる

●「遊び」「勉強」「貯蓄」に振り分ける

お金は人を幸せにすることも、不幸にすることもできる諸刃《もろは》の剣《つるぎ》です。というのも、お金は取り扱い方を間違えると、まったくいやらしい、汚いものに姿を変えるからです。一方で、うまくつきあうと、自分の能力を高め、豊かな精神生活を送る助けになってくれます。

私は20代のころ、父が事業で失敗する姿を目《ま》の当たりにしたことや、フリーランスという仕事のせいもあって、常に将来の経済生活を真剣に考えるクセがついてしまいました。

ここで取り入れてみたのが『収入3分法』でした。

それは、月収から、まず最低限の生活費に当たる費用を引き、残りを「遊び」「勉強」「貯蓄」の3つに一定の割合で機械的に振り分けてしまうルールです。

少し極端に聞こえるかもしれませんが、私の場合、**遊び1：勉強5：貯蓄4**という割合に決め、大まかではありましたがそれを守っていたのです。

若いころにありがちな金欠状態ながら、これを続けることができたのは、自分の性格ではムダ遣いをしていたらとんでもないことになる、と考えることができたためです。

いや、ただ単にこれを小心者というのかもしれませんが……

そして比率こそ変わったものの、このルールはいまでも、守り続けているのです。

ついつい、「今度の臨時収入で何を買おうか」などと、もらう前から使うことばかり考えてしまうこともあるのですが、そうやって消費ばかりしていては、いつまで経《た》っても金欠状態が続いてしまいます。

この方法はすごく単純に見えて、子ども騙《だま》しのように聞こえるかもしれません。でも、直接伝えた人には、結構、感謝されている方法なのです。

みなさんも騙されたと思って、一度、試してみてはいかがでしょう。

●「勉強」の割合が増えれば、収入も増える

『収入3分法』では1か月で入ってくるお金から、食費や家賃、光熱費を引いて、残りを、「遊び」「勉強」「貯蓄」の3つに機械的に振り分けていきます。

「遊び」とは、たとえば「高級なものを食べる」「テーマパークで楽しむ」「服を買う」などの純粋な娯楽。

「勉強」とは「大学院やスクールの学費」「講演会の参加費」「書籍などの教材費」「海外体験のための費用」「仕事のスキルアップのための出費」などの自己投資です。

「貯蓄」とは、「預金」や「投信・株式・外貨などの金融商品」のことです。

この3つの割合は、あなたのライフステージによって、変えていってかまいません。

しかし、**若くて元気なうちは、勉強に振り分けるお金の割合が、遊びを下回らないようにします。**

私の場合、この勉強の割合が高かったことが、自分のその後の仕事の成功に大きく寄与しました。

予備校講師は基本的には1年契約で、良い仕事をしなければ、契約更新をされず、翌年から路頭に迷うことも珍しくありません。

良い仕事とは、言うまでもなくたくさんの生徒が受講してくれる授業のことで、それは数字によって、シビアに査定されてしまいます。だから、良い授業をなんとか行なうために、自分の英語のスキルを高めたり、教え方の研究など、自己投資に収入の大部分のお金を使ったのです。

結果的に、その授業の評判を聞いた別の予備校から声をかけてもらったり、参考書の執筆の依頼などが、だんだん来るようになりました。これは自分の少ない収入の大部分を、「勉強」という自己投資に使ったからだと、確信しています。

遊びに全部使っていても、収入は増えません。しかし、勉強に使うようにすれば、全体の収入が増えてくることは、どんな人でも当てはまることではないでしょうか。

若くてこれからという20代の人は、**遊び2：勉強5：貯蓄3**のような、将来のための自己投資＝勉強に大きな割合をさくといいと思います。

そうすると、結果的には収入が増え、遊びに使える2割の総額も増えてくるわけです。また、みなさんの能力が安定してくれば、勉強に使う額を段階的に引き下げ、遊びの割合を増やしたり、貯蓄や投資に回すこともできます。

「そんなにたくさん勉強に使えるか」とか、「大学時代にさんざん勉強したからいいよ」と思うかもしれません。

でも、20代は仕事の基礎を固めるときです。この基礎固めの時期には、「他の人間にはない、あなただけの能力」をどれだけ習熟させておくかがカギになります。

●30代以降も勉強は楽しい

年功序列や終身雇用が、どんどんなくなっていることは、いまはよく知られていることですね。未来の日本を予言することには専門外の私でも、**これから高度経済成長時代のような社会システムが復活することはない**ような気がします。

となれば、固定したままの能力では収入アップは期待できません。勉強だけでなく、あらゆる経験を、自腹を切って行ない、能力を高めておくことが、効果を発揮するわけです。

私は、英語が仕事だったので、「海外に行って文化や言葉を吸収する」「通訳スクールに通う」などの出費も「勉強」に振り分けていました。

ただ、それらに関して「汗をかいて勉強し、苦労している」という感覚はあまりなく、むしろ、いろいろな人に会えて楽しかったり、自分の能力が向上するのでワクワクしたりと、「勉強」と「遊び」との区別をあまり感じなかったように思います。

また、勉強は何も若い世代の独占物ではありません。

これはもう企業研修や自著で何度も言っているのですが、**勉強に年齢は関係ありません。**むしろ時間の使い方がうまくなっている大人のほうが、勉強には適する環境にあるし、使えるお金も増えるのです。

『収入3分法』は勉強のためのツール 自分に合わせて比率を調整しよう

30代、40代は今日の勉強が明日の仕事にダイレクトに繋《つな》がります。若いころより勉強の重要性が身に染みてわかっているだけに、モチベーションを高く保てるのも利点です。

私はいま40代ですが、いまでも勉強を続けている理由は、「死ぬまでにやりたいことはやってしまいたい」ということに尽きるのです。自分のライフミッションもはっきりしてきたので、日々の勉強にも力が入ります。

また**50代の人で、定年後の仕事や社会貢献のために猛勉強されている人も、私のまわりにどんどん増えてきました。**これは、高齢化社会のとても良い側面だと考えています。

みなさんが、一生懸命働いて稼いだ大切なお金です。実りある使い方を目指してみませんか。

2 キャピタル＝能力を増やそう

●意外と楽しい、節約生活

「収入３分法」は苦手だな、と感じる人は、どうぞ私のまねから始めてみてください。大学卒業後、私の月収は、多いときで30万～40万円くらいでした。フリーランスだったので、ボーナスはありませんでした。また、２月３月など授業がないときは、無収入に近かったので年収は２５０万～４００万円程度でした。

ご多分にもれず、社会人になったばかりのときは、お金が入ってきたのが嬉《うれ》しくてそれを頭金にローンを組んで高価なクルマなどを買ってしまったこともあります。でも、その後、消費行動を修正して、収入３分法を実践することとしたのです。

わかりやすくするために、月収が25万円だったとして説明します。最低限の生活費として13万円。これをあらかじめ差し引くと、残りは12万円です。この12万円を、勉強や仕事に６万円、貯蓄に４万円、遊びに２万円という具合に使っていました。

明日がどうなるかわからない危機感もあり、まわりの20代が経験するような、華やかな合コンや飲み会にはほとんど参加することはありませんでしたが、仕事を一生懸命やることで、充実した楽しい毎日でした。

勉強のためのスクール通いや、海外修行をしていなかったら、どこかでムダにお金を使っていたと思います。スキルを獲得することで、自分を忙しくしてしまえば、自力も高まり、ムダ遣いをせずにすみ、一石二鳥だったのです。

●人にも当てはまるキャピタルゲインとインカムゲイン

経済学にキャピタルゲインとインカムゲインという用語がありますね。

キャピタルとは「資本」のことで、キャピタルゲインとは「資本の増大によって得られる利益」のことです。たとえば、会社の株などの有価証券や、土地等の資産の価格変動に伴って生じる売買差益がこれに当たります。

また、インカムゲインとは利子のような、キャピタルを所有することで得られる収入のことを言います。

多くの場合、キャピタルが増大するとインカムもそれに比例して増大します。利回り5パーセントで、キャピタルが100万円であれば、インカムは5万円です。このキャピタルが200万円であれば、インカムは10万円です。

これらの用語は主に資産運用に関して使われるものですが、ここでは、あえて人間に当てはめてみたいと思います。

よく「体が資本」と言われますが、みなさんは「キャピタル」です。すなわち収入を生み出すための原資です。

そして、このキャピタルの評価は「あなたが身につけている能力」によってなされます。そう考えると、給料、すなわち、インカムを増大させるための最も確実な方法は、キャピタルを増やす、つまり、あなたの能力を向上させるということになるわけです。

インカムを得たとき、それを勉強に遣わないで、つまりキャピタルに還元しようとしないで、そのまま支出に使っていると、キャピタルは永遠に同じ状態のままか、目減りして弱っていってしまうのです。

自分は原資であることをいつも意識しよう

3 「貯蓄オタク」になるな！

●貯蓄よりトクする自己投資

「貯蓄」は別に悪いことではありませんが、20代から30代前半の人で、「貯蓄」ばかりしているのも考えものです。

この年代は、どんな仕事をしていても、まだ基礎固めの時期。語学や仕事の専門知識、資格試験など、これからさらにバリバリと働くための初期投資に回すのが最も「利回り」が良いのです。

自分が伸びる時期には、自分に投資をして、**「できる人」と認識されることが、定期預金や、ひょっとすると株式投資よりも数倍トクなのです。**

また、余談になってしまうかもしれませんが、「日本国民全員が同じような考え方で、自己投資をするならば、日本社会全体の活力と安定感も増すのでは？」と勝手に考えています。

たとえば20歳で1年間に20万円貯金することにします。これを40歳まで20年間続けたとしても、４００万円。１年間で貯蓄できる金額を増やせなければ、現在の金利では、積み立てた以上の額はほとんど貯《た》まりようがないわけです。

　みなさんが仮に40代までに１０００万円以上の貯蓄額を目指しているなら、これではなかなか追いつきませんね。

　やはり、貯めるのではなく、**収入を上げることが、結果的に多く貯めることになる**という視点を、人生の早い段階で持つことが重要なのです。

「収入の一部のお金を自分の能力開発費として遣っていく」ことは、会社で言うならば設備投資や研究開発です。

　新しいビジネスアイデアもピカピカの工場も、いつかは必ず古くなってしまって、設備投資、研究開発を続ける必要が生じるのです。

　現在多くの会社が、人型ロボットや代替エネルギー技術の開発に取り組んでいるように、これらは、現在の利益への投資ではなく、未来の利益への投資です。

　私たちひとりひとりも、会社と同じと考えてしまいましょう。

「自己投資の先に何があるんだよ」、とみなさんは思いましたか？

　でも、たとえばみなさんが会社勤めの人なら、その先には出世とか、転職や独立ということが待っているハズなのです。

そのためにも、「5年後の自分にお金をかける」という意識を持ちましょう。

ある資格を取る場合、そのスクールに通ったり、人脈を得ることに使う時間や費用は「いまの自分」にはマイナスに見えることもあるでしょう。

しかし、**大切なのは「5年後の自分」にとってプラスであるかどうか。**

それが判断基準なのです。

5年後の自分に、いま、自己投資というプレゼントをする

4 クレジットカードにハサミを入れろ！

●テレビの中の幸福はニセモノだと思え！

私たちの経済活動は、収入（income）と支出（outgo）の繰り返しです。

この繰り返しを健全に行なうためには、収入が支出を上回っているか、収入より支出が少なければいいだけの話ですが、これを守れない大きな原因の一つに、「見栄」や「世間体」といった憎っくき存在があります。

約10年前のベストセラー、トマス・スタンリー博士著『となりの億万長者』（ウィリアム・ダンコ共著）という本の中で、高級住宅街に住み、高級車に乗り、高級品を買っている人は実際には負債を抱えている人も多く、金持ちではなかったという調査結果が記されています。逆に**金持ちは華やかな生活を好まず、精神的安定感を重視するということでした。**

これは私にとって、目から鱗《うろこ》の書だったことを、いまでも思い出します。

買い物をするとスカッとするのは、「目に見えるモノ」が一瞬で自分の所有物になるという快感。しかしその快感は、長くは続かないのです。

どうしても、私たちは「華やかな生活＝豊かさ」というふうに結びつけてしまうのですが、これはテレビの影響も大きいですね。

広告業界も、そうした煽動的《せんどうてき》な仕かけを上手に用意してきます。

幸せの定義をテレビのブラウン管の中に見て、そこに映し出された「モノ」が溢《あふ》れた華やかな生活を、自分の幸福の基準としてしまうと、どうしてもいまの自分が「不幸」に思えてしまう仕組みになっているのです。

そして、たちの悪いことに、財布の中の現金は、なくなったら使えないのですが、クレジットカードがこれだけ普及すると、あまり浪費感なしに、どんどんお金を使えてしまいます。

●欲しいと思っても、2週間待ってみる

楽しみのために欲求を持つということは、もちろん悪い面ばかりではありません。しかし、クレジットカードがあらゆる場面で普及し、高金利をわかりにくくしたリボルビング払いなどが一般的になるにしたがって、安易なカードの使用から多重債務へと繋《つな》がるケースが急増していることは事実なのです。

「自分にも浪費グセがあるなぁ」と思っている人で、クレジットカードを使うときが来たら、以下のことを機械的《オートマティック》に行なってください。

大切なのは一切の感情を入れないことです。該当《がいとう》する内容があったら、問答無用で、機械的に行動しましょう。

① 過去にリボルビング払いを経験したことのある人は、クレジットカードにハサミを入れる。退会して、物理的に二度と使えないようにする。

② 今後も分割払い、リボルビング払いは絶対しない。

③ クレジットカードを使うときには、一括払いのみにし、あとは現金払いにする。

④ 欲しいものは、2週間待ち、「そのモノがどうしても必要だ」という理由に納得できたら、余裕資金（その定価の5倍）を貯めてから買う。

⑤ 欲しいという欲求が薄れたら買わない。

たとえば10万円の革ジャンが欲しいとします。「必要である」ならば、買うことは問題ありません。でもその代わり、「2週間待つこと」。

また、「定価の5倍の余裕資金が貯まるまで待つこと」、を条件にします。つまり、貯金が50万円あることを、10万円の消費をするためのルールとするわけです。

いまの学生さんなら1万円の貯金しか持っていないのに、リボルビング払いでいいとも簡単に10万円のモノを購入できるわけですが、その利息は低くても12％程度。高利だと19％などという場合もあります。1万円しか持っていない現実の前に、10万円の19％の利息が意味する怖さを理解する必要があると思います。

いったん負債を背負うクセがついてしまうと、なかなかもとには戻れず、借金を重ね続けることになりかねません。多重債務に陥っている人も、最初はちょっとした借金がきっかけだったという人が少なくありません。

記憶に新しいサブプライム問題を発端とする世界大金融危機も、きっかけは、返せない人が無理な借金をしたこと。そのような人に手軽に貸してしまったことです。

気楽に使ったクレジットカードが、あなたの人生の金融危機を招くかもしれません。

「ないものは使わない」「無理な借金はしない」

あまりにも当たり前のことですが、これは、どんなに金融テクノロジーが発達した時代であっても、決して変わることのない「経済的幸せの法則」なのです。

浪費グセには感情を入れずに対処する

5 コスト&リターン思考をクセにする

●高いか、安いかがすべてではない

家や自動車、または高額な保険や家賃といった大型消費は別にして、私たちの日々の生活では、実にこまやかな消費活動が行なわれています。

勉強、食事、スポーツに娯楽等々、かつての私は、モノやサービスを、「高いか安いか」「好きか嫌いか」だけで、買う買わないを判断していました。

しかしいろいろな消費を重ねるにつれ、何かお金を使うとき、自分自身にとってのコスト&リターンを考えてモノやサービスを選ぶようになってきました。

「コスト」とは、支払う対価のことです。「リターン」とはそれによって得られる利益のことです。

何でも買う前に、このコストとリターンを考えてみるわけです。

たとえばサービスで言えば、みなさんが3000円で1時間のマッサージを受けるかどうかを、迷っているとします。

リターンは人によって異なりますが、マッサージに関しては「気持ちいいことによる精神的ストレスの解消」「そのことによって得られる仕事へのやる気」「痛みを取り除くことによる爽快感《そうかいかん》」などが挙げられます。

そうやって考えてみて、「リターン」のほうが「コスト」よりも大きいと考えることができれば、そのサービスを買えばいいのです。

「コスト&リターン」の考え方は面倒くさいように感じるかもしれませんが、漫然とCMに流されて買い物をするよりも、こんなふうに**自分の頭で考えて選んだほうが、よっぽど楽しくなる**のです。

●クルマの購入もコスト&リターンで決定しろ！

コスト&リターンで考えるクセがついてくると、「これはコストの割にリターンが少なすぎる」と思うようになるなど、この考え方があなたの消費行動のキモになってきます。

この考え方は、大きな出費の場合、特に有効になってきます。

クルマを例にするとわかりやすいですね。

みなさんが自家用車を買いたいとき、まずいくらかかるのかを、考えますね？

おおざっぱに言って、初期費用としての車両代金やオプション代、維持費としてのガソリン代、保険代、駐車場代、車検代などがあります。

これに対してリターンを考えてみましょう。「行動範囲が広がる」「家族旅行がプライベートな空間で楽しめる」「通勤がラクになる」「相対的に時間の節約になる」「外出するとき、自分の空間が持てる」「ドライブすることで、日々の仕事のストレスを発散できる」「クルマによっては、見栄を張ることができる」……ｅｔｃ．というようなことが期待できるわけです。

このコストとリターンを天秤《てんびん》にかけてみて、買うかどうかを判断するのです。

数字はできるだけ具体的に出したほうがよいでしょう。**金額次第では、クルマの代わりになる方法が見つかる**からです。

クルマの場合、車種や住環境によって差は大きいのですが、仮に車両代金を２００万円、毎月の維持費として、ガソリン代金が月に1万円、保険代金が月に５０００円、駐車場代金が月に1万円としましょう。維持費だけで月に2万５０００円かかります。

頭金に１００万円を入れて、３年間のローンで実質年利（複利）３％で購入した場合（ボーナス返済なし）、月のローンは3万３５４円ですから、頭金の１００万円と次の車検代金を入れずとも、なんと月に5万５３５４円！　が必要になるのです。

ここで冷静にクルマの使用頻度を考えて、果たして月に5万5354円かけて、乗る価値があるかどうか、真剣に考えてみます。

●モノの使用頻度を冷静に分析する

すべてのモノに関して、**コスト&リターンで考えるとき、そのモノの使用頻度は極めて重要**です。

クルマが仕事で絶対に必要だったり、レジャーでいつも遠出したり、大きな道具を運ぶ必要がある人、子どもがたくさんいて、家族みんなで移動することが多い人は、クルマ購入の優先順位は高いと考えていいのかもしれません。

しかし、そうではなくて、1か月に3、4度しか車に乗らない、いわゆる日曜ドライバーだったら、タクシーのほうが安上がりかもしれません。

クルマの購入に関して、日本人の意識はどんどん高まっていて、自家用車を売り、必要なときだけ、レンタカーを借りる人が増えています。

またマイカーリースも、これから加速度的にポピュラーになっていくことでしょう。

年に1度や2度、東京から地方の実家まで家族で里帰りするというようなケースであれば、クルマを所有した場合の総費用と、飛行機や新幹線などほかの交通手段で同じ行動をした場合の総費用を、比較してみてはいかがでしょうか。

●そのモノはあなたの気持ちに充足感をどれくらい与えるか？

それでも「あのクルマを手に入れることが自分の最大の幸福なのだ」「あのクルマに週末乗れるのであれば、つらい1週間の仕事を乗り切れる」くらいの想いがあるのであれば、その精神的充足は大きなリターンですから、購入する理由になります。

モノやサービスから得られるリターンには、このような精神的要素も大きいものです。もし結果的にリターンが大きければ、買った後も後悔することはありません。

お金は無尽蔵にあるわけではありません。だったら、自分にとってのリターンの大きなものに優先して消費したほうがトクですよね。

シンプルな方法ですが、この考え方を身につければ、消費が効率的で楽しくなり、ムダ遣いがグンと減るはずです。

リターンの大きなものを選ぶクセをつける　ムダ遣いがグンと減る

6 コレクションするべきは能力だ

●履歴書の特技の欄を埋めろ

人間の欲求の一つに「所有欲」があると思います。この所有欲がモノに向いてしまうと、底なしの消費地獄に陥ってしまいます。そうならない形で、私たちの所有欲を満たしてやる必要があるのです。

私は、**所有欲はモノではなく能力の獲得に向けるる**のがよいと思います。ブランド物のバッグをコレクションする代わりに、経験を買い、自分の能力を高めるのです。ミニカーを収集する感覚で、履歴書の「特技」の欄に書けることを増やしていけばよいわけです。

能力のコレクションならば、置き場所に困ることもありません。

私自身も、何度もモノに走った経験があります。スポーツカーを乗り回していたこともあるのですが、どんなにいい車に乗っていても、消費の欲求は、さらに高級なものへと向かっていきます。家電製品にしても、パソコンにしてもそうです。

結局、モノに精神的充足感を求めようとしても、永遠に充足感が得られることはないと気づき、いまでは生活に事足りればいいだろう、と割り切るようになりました。

また、一生懸命仕事をして、仕事の場で認められるようになってくると、どんなクルマに乗っているか、どんな時計をしているかなどということは、どうでもよくなってきます。便利で実用的なモノであれば大満足です。

大成功を収めて、富と名声を得た人物が詐欺事件などで逮捕されたというニュースをよく耳にします。このような人たちもまた、消費のアリ地獄にはまってしまったのだと思います。

能力は置き場所いらずの貴重な財産

いま私が「一番欲しいもの」「お金をかけても惜しくはないもの」は、やはり自分の能力の開発に関するものです。能力は信頼を買うこともできるし、経済力を獲得することもできます。最も充足感を得られる買い物です。

みなさんも、モノではなくて、能力を買うための消費を始めてみませんか？

7 消費にキャップをつけてしまえ！

●お金を使わないルールは機械的に

ムダ遣いをしないということに自信がない人は、月々の消費額にキャップをつけてしまいましょう。キャップとは、「消費額の上限」のことです。使おうとしても使えないようにしてしまうわけです。

私も、**「機械的に自分を抑制してもらう」システム**をたびたび利用しています。

たとえば、自分のための「退職金用積み立て」と「確定拠出年金」「小規模事業者共済年金」が、毎月自分の銀行口座から知らないうちに引き落とされています。

確定拠出年金や国民年金基金は、一度払ってしまえば60歳までおろすことはできません。

これを天引きと言ってしまっていいのかはわかりませんが、自動引き落としは情が入らないので、とても有効です。自動で引き落とされるお金は、それが家賃や公共料金だとへこみますが、自分の蓄えになっていると思うと、心強い味方になります。

「知らない間に」というのがいいのです。「天引き」と割り切ってしまうことができれば、数か月もすると、引き落とされていることも忘れていきます。

●出費はいつもタイミングが悪い

「さあ、貯めるぞ」と決意した数日後に、不思議と友人の結婚式やら、帰省やらのイベントが目白押しとなり、お金は逃げていくものです。

また、欲しい新製品の案内も、悪いタイミングで届きます。いつもそれらに振り回されていては、勉強のためのお金もすぐに枯渇してしまいます。

しかし、「天引き後の残ったお金しかないんだ」と思って生活すれば、衝動買いは少なくなり、コスト&リターン思考がみなさんに定着するでしょう。

とりあえず使ってから、貯蓄や投資は残ったお金でやろうということになると、だいたい人間は底まで使ってしまうようにできています。だからこそ消費にはキャップをしてしまうのです。

ところでみなさん、『マルサの女』という映画をご存じですか?

この映画には、脱税をする守銭奴の金持ちが登場します。私たちの手本となる人物とは言えませんが、消費を抑制できない人には、この人物が劇中で発する言葉がちょっと参考になります。

「のどが渇いたらあんたならどうする？

このコップの水を飲むか？

飲んで渇きをいやすか？

私なら飲まない。

このコップになみなみ水が入っていても飲まない。

このコップに水が注がれて、その水が、溢《あふ》れ出てくるまで待つ。

溢れ出てきたら、それを舐《な》めるように飲むんだ」

もちろん、どれくらいの大きさのコップに貯めていくかは、みなさんの考え方次第です。

使うことが可能なお金を制限する

8 人の失敗には、感謝して学べ！

●身内がいまの自分を作った

身近な友人や、家族の失敗を目《ま》の当たりするのはつらい経験です。しかし、そのとき、失敗をしてしまった人たちを反面教師として、何か教訓を学び取ることによって、私たちは自分を向上させることができます。

何でも、どんどんやってみる主義の私ですが、お金に関しては、他のこととは違い、かなり慎重です。これは私の父の経験が教訓になっているのです。

ここでは身内の話をしますね。

私の父はとても優しい人でした。人情味があり、困っている人や弱い人を見過ごすことができない性格でした。その一方で、経済的な面では計画性を欠くようなところがありました。

父は九州の地元の大学を出て、そのまま地元の製鉄会社の関連会社で働き続け、40歳くらいで中間管理職の地位につきます。人柄の良さ、面倒見の良さから部下たちから慕われ、絶大な支持を得ていた人でした。

あるとき、親会社の業績不振が原因でグループ全体でリストラを敢行しなければならなくなり、父はかわいがっていた部下たちを解雇する立場に追い込まれたのです。

結局、父はそれをするくらいならと、40代という年齢で独立開業することに踏み切ったのでした。

しかし、ずっとサラリーマンをしてきた人です。急に起業といっても、たいしたノウハウがあるわけでもありません。父はその部分を少し軽く考えていたようで、自営業として起業したはいいのですが、経営がうまくいかないことが何年も続き、最終的に運営資金が枯渇してしまいます。

ちょうど私が高校生から大学生になるまでの時期でしたが、父の失敗が少なからず実家の生活にも影響を与えたのでした。

私の家の不遇などは、世の中でもっと辛酸を舐めている人に比べれば、取るに足らないものかもしれません。しかし私はこの時期、心の底から、お金を失うことの怖さを実感したのです。

また他人を助けるためには、まず自分の身のまわりに余裕を作る大切さも学びました。言うまでもなく、自分自身がダメになってしまったら、周囲を助けるどころか、中途半端に手を差し伸べることで迷惑をかけることになり、最悪の場合は逆にうらまれることにもなりかねないということを知りました。

ただし、まわりの人の喜びを自分の喜びとできるという部分は、父親の影響でした。この美徳を自然と受け継いだことを、私は父に本当に感謝しています。

何度も言いますが、自分のまわりの人が失敗してしまう姿は、親族でも、そうではない他人でも、悲しいことです。しかしそれは望まなくても目の当たりにしてしまうことがあります。

そんなときは、悲しむばかりではなく、そこから何かを学ぶことが大切なのです。

●自分の失敗もまわりの人に積極的に伝える

もちろん、学び合うのはお互い様ですから、**自分が失敗した場合には、その失敗の原因を他の人にも伝え、まわりの人があなたの失敗から学べるようにする関係があればベスト**です。そうすることによって、学ばせてもらった人への恩返しができます。

自称「慎重」な私ですが、ちょっとした油断で、悪徳リース商法に引っかかってしまったことがあります。

たまたま、私の事務所の入っているビルの電話配線の工事が行なわれているタイミングで、デジタル電話機のリースの営業担当者がやってきたので、公的な話だと勘違いしてしまい、深く考えずにリース契約をしてしまいました。

それは違法ともいえるような勧誘で、事務所は相当な金額の損失を出してしまいました。

私は会計事務所を通じて、地域の法人に悪徳業者の実名を公表した警告を出してもらいました。私の失敗をみなさんが共有できれば、同じミスをしなくてすむ人がいるかもしれないからです。

このような動きが、いろいろなところで広まったのか、その悪徳業者はしばらくして倒産してしまいました。

失敗経験を他人から学び取ったり、自分の失敗経験を他人に伝えたりすることで、身近な人たちと一緒に向上できるならば、どんな失敗もムダではないのです。

失敗をみんなと共有しよう 学び合いはお互い様

9 副業はどんどんしろ！

●塾講師アルバイトが教えてくれた

大学時代、私は実家から少額の仕送りをもらっていました。実家も大変な中、よくこれだけの額を捻出《ねんしゅつ》してくれたと、両親には感謝しています。

しかし生活となると、やはりそれだけでは非常に難しいものがありました。家賃、光熱費、これに食費を足せば、あっと言う間に赤字になってしまいます。

結局、私の場合はアルバイトをしてお金を稼がないと生活そのものが成り立たない状態になりました。

「一日は24時間しかない。勉強もしなくちゃいけないし、大学の友だちとのつきあいもある。ともかく何が何でも効率よく稼ぐしかない。高時給の仕事を探そう！」

そんな単純な考えで選んだのが、時給1800円の塾講師の仕事でした。

この時給1800円は実はくせもので、プリントの準備やら、質問対応やら、電話がけやら、ミーティングやらの時間を入れると結局時給1000円以下になってしまったのですが……。

しかし、ここで私のライフワークとなっていく「人を教える」という仕事が見つかったのだから、これは人生最大の転機だったのかもしれません。

この小さな塾で私は社会の仕組みをいろいろと学び取ることとなりました。経営者は林清隆先生といいました。私の人生、最初の上司でした。

林先生は、まだ学生だった私に、教えることの基本はもちろんのこと、そもそも塾の経営はどういう仕組みで成り立っているのか、塾経営のキャッシュフロー（お金の流れ）や、どうやってお金を動かせばいいのかなどを、丁寧に教えてくれたのです。

塾という本物の現場で、生徒という本物のお客さんを目の前にしているので、大学の教室で教わる経済学や経営学とは、覚えが違います。私もいまでは会社を経営していますが、その経営の基本中の基本は、この塾で学びました。

林先生には、学生にアルバイトをさせながら次世代の実業家を育てていきたいという思いがあったようです。ただ単に大学生を雇って、労働力として使うのではなく、共に働きながら自分の経営哲学を伝えたいという意欲に満ち溢れていました。

若いうちのアルバイトほど、「実体で物事を理解する」のに絶好の場はないでしょう。本物を前にした感動で自分自身が変われる瞬間が、そこにはあります。そして運が良ければ、優れた師匠に出会うこともあるのですから。

●複眼的なビジネス視点を作れ

そのような考え方でいけば、会社勤めをしている人にとって、自分の本業以外の仕事を持つことで学べることは多々あると思います。

みなさんの会社が「副業禁止」の会社でないなら、迷うことなく副業をすることを私はお勧めします。これは、単に副業分の収入が増えるからではありません。**副業をすることによって、本業のビジネス以外の視点を身につけるという利点があるる**からです。そしてこの複眼的な視点は、お金を真摯《しんし》に考える自分を作り、きっと、本業にも良い影響を及ぼすのです。

お金と真剣につきあうことが自分を変える

PART 4
完全主義キャラを変えろ！

『完全主義』は人類の敵です。

多くの人が、完璧《かんぺき》に物事を進めようと考えてしまい、結局は、何もしないままの時間を過ごしています。

オール・オア・ナッシングの考え方は、ときにかっこよく聞こえることがありますが、結果がオールであることは、世の中にはそう多くありません。

不完全でも構わないのです。失敗しても構わないのです。

成功するかどうかなんて、やってみなければわかりません。

失敗したみなさんも、成功したみなさんも、同じように素敵なのです。

みなさんの志《こころざし》が高ければ高いほど、あらゆる物事に対して、ついつい完璧を求めてしまうのは、理解できます。しかしそんな考えは捨ててしまいましょう。

自ら目標のハードルを高く置く必要はないのです。

もっとラクに生きたほうが、よっぽど自分の実力を出し切れる、そんなふうに考えてみませんか?

私たちのライフステージを考えてみましょう。

揺りかごから墓場まで、序列、階級、地位、名誉の有無、値段や質の高低といった評価に溢《あふ》れています。

人は、十分に腹を満たすことができれば、次には人に評価されたいと願う生き物ですから、仲間内で、そして世間の中で評価、尊敬される自分を求めて行動してしまいます。

やがてその行動は、どんなことも、前提として「一番」「トップ」でなければならないという認識を生み出してしまっているように思えてなりません。

また、立派な学歴も高収入も、ついでに言えば高身長も見事な容姿も家柄も、それがなければ不完全だと思う必要はないし、あったとしても完全というわけではないのです。

そんなことより、完全主義に押しつぶされた結果、かえって行動が鈍ってしまい、肝心の自分自身を表に出せないでいることのほうが大問題です。

完全試合を成し遂げたプロ野球のピッチャーは、1イニング目から、パーフェクトピッチングを目指していたわけではないと思うのです。

対戦する先頭打者から、目の前の一人ひとりの打者を打ち取っていくことに力を注ぎ、結果的に偉業を成し遂げることができたハズです。

何よりも大切なのは、まずマウンドに立つことです。

いますぐに、あなたの中の「完全主義」を退治しましょう。

7 習慣化には「小さな達成感《カタルシス》」が効く

●「全力でやる」というワナ

自分の現状を劇的に変えたいと思っている人が、よく口にするのは、「全力で取り組む」という言葉です。

私もその意気には賛成です。

全力で何かに向かっていく人は、仮にその目標が達成できなくても、以前と比べて目覚ましい進歩を遂げることがあるからです。

ただ、私もそうなのですが、最初に全力で打ち込んだ後にバーンアウトしてしまい、しばらく何もしない期間が続いてしまうことがあります。そのたびに「だったら、毎日ちょっとずつやったほうが、たくさんできていたよなぁ」と思ってしまいます。

毎日続ける力は、全力で一気にやる力よりも実ははるかに偉大なのです。

全力で一気にやることは、その日のテンションが上がっていれば、どんな人でもある程度は可能なことです。

これはみなさんの仕事や勉強の経験上、なんとなく理解できることでしょう。

しかし毎日、同じ高いテンションでいることは、とても難しいことです。不可能と言っていいかもしれません。

そこで、いろいろなことがどうしても続かないみなさんには、ハードルを極めて低いところに設定することをお勧めします。

「一日3時間集中してやる」などという、ハードルが高い目標を設定して、計画倒れになってしまうのではなく、「日々の目標は机の前に座って、本を開いて、鉛筆を持つこと。その後はすぐやめてもいい」くらいの低いモノにするのです。

目標を高くしすぎると、机につかないまま一日が終わってしまうことがありますが、一度、机の前に座れば、すぐやめてしまうのもアホらしいので、確実に、仕事や勉強が進みます。

スタートするかしないかの心理的な壁を破ることが大切なのです。

●脳や体を喜ばせよう

たとえば毎日必ず20キロ走るとか、毎日3冊ビジネス書を読みきるとか、毎晩ダイエットのために夕食は取らないなどは、高すぎるハードルだと思います。

無理なことに挑戦するよりは、ちょっとずつの努力の積み重ねで、1年間続けたほうがはるかに高い成果が得られることになるでしょう。

私もそうやって自分を騙《だま》し続け、英語を覚えてきました。

たとえば「今日は単語を3つだけ覚えよう」と思い、やり遂げた次の日には「今日は4つ」と増やしたり、「今日はこの英文法の問題を30分だけやろう」と思い、できた次の日には「昨日よりも20%長くやってみよう」と36分にし、その次の日には「さらに20%延ばして、43分やってみよう」というようにするのです。この複利計算のゲーム感覚は特に勉強に効果を発揮しました。

このゲームをどこまでやれるのかを試してみるなど、目先をどんどん変えながら、ともかく前に進む。欠かさずやって、**小さな達成感《カタルシス》を積み上げていく**ことがとても重要なのです。

そして嬉《うれ》しいことに、小さな達成感は、いつしかクセになります。またあのカタルシスを味わいたいと、体や脳が要求し、日々の継続力に繋《つな》がります。

大きな達成感と違い、小さな達成感は簡単な努力で味わえるので、習慣化しやすいと言ってもいいかもしれません。

みなさんの体や脳が楽しみ始めたと感じたとき、それは間違いなく、「自分の現状が変わった」という証《あかし》なのです。

「全力でやる」は危険なワナ 小さなカタルシスで現状を変えよう

2 100パーセントを求めない

●予習と復習の意味

少子化と大学全入時代の到来は、私たち予備校産業の中にいるものにとっては、世界大恐慌や産業革命に匹敵するほどのパラダイムシフトでした。何しろ、顧客である生徒たちが、浪人生中心から現役高校生中心へと、まったく違うグループに変わってしまったわけです。

浪人生と現役生では、生活スタイル、指向性、移動距離など、すべて異なっています。「たった1年や2年でこんなに違うのか」というくらい違っているのです。私も予備校も、**この変化に素早く対応できるかどうかが生存のカギ**となったわけです。

授業をプロデュースする側は、現役高校生の目線でもっと便利なシステムはないものだろうかと頭をひねりました。まず毎日の授業を、教える側と教わる側の双方の立場から観察してみたのです。

「えーっと、まず、オレなら『次の授業はここからここまでやるから、その部分の問題を必ず予習してきなさい』って言うよなあ……」などと、ぼんやり考えているうちに、私はちょっとしたことに気がつきました。

授業をする前に「予習」しなければ意味がないという、この、どんな授業でも基本中の基本とされている伝統的な考え方。

しかし、これはいまの世の中でも果たしてきちんと通用する基本なのかどうか？そんな疑問を持ったのです。

現役高校生は、学校の勉強も部活もあり、体育祭、文化祭、合唱コンクール、委員会、修学旅行などさまざまな学校行事に参加しなければなりません。

そういう、ただでさえ時間がない生徒たちに私たちはさらに「予習は絶対にしておけよ」「予習しないなんて授業を受ける資格はないぞ」と追い討ちをかけていたわけです。

●100を求めるからゼロしか生まない

もちろん、授業の最大効果を上げるためには、受講生の予習を前提として、講義を重要事項で満載にすることが理想です。しかし、ここで理想を追い求めすぎると、生徒たちが「予習をしていないから出席できない」「予習をしていないから授業がまったく吸収できない」ということになり、ゼロの結果しか生めなくなるわけです。

これは、100を求めるからゼロしか生まないという、どの業界でもよくある悪循環です。予習が基本、予習しなければ身につかないだろうというこだわりが頭を堅くしていたのです。

じゃあどうしたらいいのか？ 私は、思い切って、予備校では暗黙の了解でタブー視されていた「予習一切なし」「とりあえず来ればよい」というスタイルの授業を試しに作ってみることにしました。それは、街で見かけるトレーニングジムをまねたものでした。

トレーニングジム（スポーツジム）では、仕事が終わってから、タオルと着替えを持っていきますよね。そしてそのジムに、「行ってから」着替えて、その場所でストレッチなどウォームアップをして、運動をし、シャワーで汗を落として、また着替えて「帰り」ます。

こういうスタイルの授業なら、現役生にもストレスなく続けられると考えたわけです。

ジムに行く前に準備運動はしませんね。すべて「行ってから」です。これが、私たちが現役高校生向けに始めた『トレーニングジムシステム』コンテンツでした。

予習をしていない生徒でも、とにかくブースに入り、画面の前に座るだけ。でも、必ず何かつかんで帰宅してもらう講義を目指したのです。

講師は、目の前の生徒が何もやってきていないことを前提に1から教え始めます。前回教えたものを定着させる時間もそこで与えます。画面上ではタイマーなどが出て、「5分間でいま覚えたことを復習してください」などと指示されます。

さらに5分後には覚えたことを使って、新たな問題を解いてもらう。「授業の中に前回の復習も予習も全部入っている」わけです。

復習も、家でするのではなく、あたかもジムで仕上げにサウナに入るようにして、授業終了後、その場で、家に帰る前にやってしまうというわけです。さらにその後にまるで着替えをするように確認のテストを受けてもらうのです。

もちろん、1講座で学習する分量は通常の講座と比べて半分から3分の2くらいになってしまいます。しかし、100の理想を求めてゼロになるより、50や70を積み上げていったほうが、絶対に成績は上がるわけです。

実は私も予習が大嫌いでした。自分が高校生のときにやったこともない予習を、生徒に「やれよ」と強要ばかりしていたのですから笑ってしまいます。

●50を必ず終わらせる

このやり方は、たとえ100まで習熟しなくても、厳選した50の内容をしっかり学んで、その50に関しては「必ず終わらせる」というものです。

したがって、100やるには倍の時間がかかります。これはデメリットかもしれません。しかしやらなかったことに比べれば、はるかに大きな進歩だと思うのです。

そもそも、勉強や仕事というのは、「いま」「少しでも」を積み重ねていくことが大切で、明日全部やろうと気張るよりは、今日少し、また明日少し、と考えていったほうが、ストレスも小さくなります。

英語を学ぶ人の中には、「日曜日に300個単語を覚えるぞ」と意気込んで、月曜日から土曜日までは何もしない人も多いのですが、一度にまとめてやるより、小分けにしたほうが効果があります。

いっぺんに覚えたことはいっぺんに忘れてしまいがちです。自分の生活スタイルの中で、続けられることを地道に毎日続けることが大切なわけです。

さて、100を捨てて50を取ったつもりのシステムではありましたが、結果として、このことで生徒の通塾日数が増え、受講の進度が速くなったため、50どころか、150の結果を生むことになりました。全国の生徒のみなさんからも、実際に「成績が上がった」という声をたくさんいただいたのです。

いまでもこのシステムは、予備校の中で主流とまではいかなくとも、特に部活動をしている現役生を中心に大きな支持を得る映像コンテンツに成長しています。

100を取るかゼロを取るか、オール・オア・ナッシングの考え方は、「どうせ完璧にならないのなら、やらない」という結果に陥りがちです。努力を要するすべての物事に適しているわけではないのです。

たとえばスポーツの大会で、**「1位じゃなかったら、2位も1回戦敗退も同じ」**とか、**「自己ベストが更新できなかったからダメだ」という考え方は、**ある側面では正しいのかもしれませんが、**仕事や勉強には向かない考え方**だと思います。

100を1日で終わらせるより50を2日続けるほうが力《チカラ》になる

3 パーフェクトな準備は必要ない

●はやりのプレゼン

実用英語教育の普及活動で、全国の学会やら、講演会に呼ばれることが多いのですが、そこで気づくのは、本当にいろいろなプレゼンテーションの仕方があるなぁということです。

講演をされるみなさんの多彩なプレゼンテーションは、とても勉強になります。最近一番多い形は、パワーポイントなどを使って、チャート、図表、あるいは写真を次々と繰り出しながら、セリフや要点まで画面の中に入れ込んだ完璧なスクリーンです。それに合わせて用意した原稿を読み進めるのですから、まるで紙芝居のような完璧なプレゼンになっています。

このようなプレゼンは情報を効率良く、論理的に伝えることができ、話者の失敗の可能性も少ないだろうと思います。

しかし、私はこのようなプレゼンテーションソフトに頼りすぎる風潮に少々疑問を感じています。

プレゼンテーションのキモは、内容はもちろんですが、本人のキャラクターだからです。

本人のキャラが成立していなければ、伝えたいことはなかなか聴衆の心に響きません。**発表者に求められるのは、どういう状況であれ、一種の「芸」なのです。**

内容も大事ですが、それを聞く人の心に響かせるための「芸」になっているかどうかがポイントなのです。

もちろん、プレゼンテーションツールを使ってはならないと言っているわけではありません。「頼りすぎない」ということです。

最近では、よく講演が終わった後に講演者の顔をまったく思い出せないことがあります。それほど、ツールに主役を取られてしまっていて、人間の姿が薄くなってしまっているのです。

●先の読めない緊張感を作る

私自身もパワーポイントやスライドを使用しますが、その使用率は3割くらいにあえてとどめます。それ以外は、その場で書きこんでいける黒板やホワイトボードを使ったり、マイク一本でしゃべり倒したりするなど、そのときの会場の雰囲気や、聴衆のキャラクターを見ながら調整します。

もちろん、大失敗することもあるのですが、そのハラハラ感があるから、そこにいる人たちも緊張して聞いてくれます。**「先が読めない緊張感」を意図的に作る**わけです。

「理路整然と正しいことを伝える」というのはキレイでわかりやすいのですが、私が後輩の講師たちによく言うのは、それを「意図的に崩せ」ということです。

「完璧なプレゼンよりも、クセのある人間味を出せ」、「自分のキャラを伝えることに腐心することが大切だ」と伝えます。そこが心に響くプレゼン作りのコツなのです。

人間関係でも同じです。

原稿を用意して読むだけでは、想いは伝わりません。

アドリブやライブ感があってこそ、気持ちが届くものなのです。

相手は、内容だけでなく、あなたの意気込みをその外見や目の輝きから感じ取ることでしょう。

そして、あなたのキャラクターがユニークであればあるほど、いったいどういう新しくておトクな情報を、自分はこの人からもらえるんだろうとワクワクするはずです。

相手の期待どおりに、あなたが面白い情報を与えたとき、あなたのキャラは、その人の心にしっかりと定着し、**「もう一度『あのキャラ』の話が聞きたい」**と思ってもらえるのです。

緊張感は完璧な準備からは生まれない
理路整然を意図的に崩せ！

4 人前で完璧じゃない自分を見せる

●突然降りかかったステージ

カラオケではいつもハズしてしまう私ですが、近所に住む不良外国人のデイビッドというカナダ出身の友だちに「市民フェスティバルで出し物をやるイベントがあるから、俺たちもバンド作ってみないか？」と誘われたことがあります。

私はこう見えても、ある程度の準備はしたいタイプです。ふだんから、いくらキャラを変えることが新しい人生を展開するためには有効で楽しいことだと提唱してはいても、このときばかりは「え？　オレが歌うの？」と少し引きました。

それどころか当のデイビッドだって、趣味でギターを始めたばかりの男なのです。ところが彼は一歩も引き下がらないどころか、寄せ集めのバンドメンバーをすでに決めてしまっていました。

デイビッドの目論見《もくろみ》は、カナダ人、デンマーク人、アメリカ人、そして日本人の4人でインターナショナルバンドを組めば、そこそこ珍しがられるんじゃないかということと、ギター担当のアメリカ人だけはプロ級なので、こいつがいれば、何とかなるはず、というものでした。

デイビッドがあまりにも面白おかしく説明するので、何だか楽しくなってきた私は、これも **Do it anyway !** だと開き直って、参加することにしました。

当日はもう心臓バックバクです。参加バンドが多かったため、会場はそれぞれの仲間やファンが詰めかけて大盛況です。私も、よせばいいのに根が出たがりなので、生徒を呼べるだけ呼んで、「やらなきゃならない」状態を作ってしまっていました。

自慢じゃありませんが、私は予備校で舞台慣れはしています。全国の教室を回って、何百人もの前で話すのが日常なのです。でもシチュエーションが違うと、こうも精神状態が変わるものかと感心してしまったほどでした。

たった一度の特訓でわかったことは、アメリカ人のギターしかまともな演奏が成立していないという事実でした。「このアメリカ人だけでいい、歌うとしてもギターソロだけの伴奏でいい！」と叫びたいような状態です。

デイビッドは、よほど本番に強いのか、あるいは日本人をナメているのか、大はしゃぎ。仲間内でも超オンチで有名だったのですが、歌う気満々です。

●偶然が教えてくれたこと

野外コンサートの舞台袖《そで》の私の体からは、変な汗が流れ始めます。それでも私は「どうせ小さな市民のお祭りみたいなもんなんだから、全体的なレベルは低いはず」とたかをくくっていました。

ところが、1組目からえらくレベルの高いステージが繰り広げられていくではありませんか。聞けば南米から来たプロのバンドだというのです。

何と私たちは2組目。もうとりあえずノリだけで騒ぐしかありませんでした。いきなり歌い出しから、誰一人として声が合っておらず、「はい、やり直しま〜す」。すると、みんなこれをギャグだと思ってくれて、妙にウケてしまったのです。

我々はコミックバンド的なつかみを意図してやったと、観客に思われたのでした。おまけに、アメリカ人のギターソロは滅茶苦茶にうまいのは事実だったので、そここに演奏できるデンマーク人はチェックの対象にはならず、デイビッドのでたらめぶりは冗談と取られたようでした。

うまいギターの合間にとちってずっこけさせる私たちの手法は、しまいには観客のガンバレコールを受けながら終わり、会場が一体化する喜びを私も味わいました。あろうことかアンコールまでいただいて、それなりに収まってしまったのです。

「やってみればなんとかなってしまった」実例なのですが、私としては、若いころにこんな無茶なことを人前でできたかというとはなはだ怪しいものがあります。

プライドもあるし、照れもあります。第一、失敗はいつだって怖いものです。私にも、人前で笑われたくないと思って生きていた時代がちゃんとありました。

ただ、このデイビッドは、どうだったのでしょうか。笑われることを最初から承知でやりたいことをやってみせたデイビッドに、**いまは「あいつは大人だったんだなあ」と思わないではいられません。**

彼は、もう3年前にカナダに帰ってしまいましたが、私の住む町では、いまだに愛される伝説の男です。いまごろは、カナダで同じように町を暴れ回っていることでしょう。

彼はアクティブさにおいて、私の最大のライバルです。

不完全な自分を自覚することが大人の証《あかし》

5 自分の中のスーパーマンを倒せ！

●浪費にならないタクシー代

さて、ここでまた、前述の「機会費用」という用語を思い出してください。

この機会費用を意識したとき、**お金で時間を買うことも、仕事や人生を豊かにするために重要**だと、私は思います。

たとえば、電車の複雑な乗り換えを避けるために、２０００円でタクシーに乗るとしましょう。電車では50分かかるところが、タクシーでは20分とします。

注意しなくてはいけないのは、このタクシー代が「浪費」になってしまうことですが、電車代が５００円で、30分の時間を、差額の１５００円で買うことができるわけです。この30分に１５００円以上の生産性があれば、タクシー代を払っても得をした、ということになります。

時間でも労働力でも同じです。

仮にみなさんが1時間５０００円の生産性を持った人で、苦手な作業を時給１００

0円でやってくれる人が近くにいるなら、その人にその作業はお願いし、自分は得意な事に集中すればいいのです。

自分には苦手な作業まで抱えこんでしまったならば、みなさんの生産性が低下してしまいます。

企業経営者は誰もがこの考え方を持ち、人材を雇用し、労働分配を行なっているわけです。

このことは、経営者だけではなく、個々の仕事にも置き換えることができます。すなわち「自分は一番大事なことをする」ようにするのです。

●自分はスーパーマンじゃない

仕事でも何でも自分でやらないと気がすまない人は、完全主義のワナにはまってしまっています。

そういう人は「この仕事は人に任せるより、自分がやったほうがクオリティーが高いし、時間もかからない」と考えています。

果たしてそれは本当でしょうか?

一つの傑作漫画が生まれる裏には、漫画だけを描く人、原作を書く人、さらに細かく背景を描くアシスタントがいるように、一つのチームの中で、得意な能力を持ち寄って、作品を作り上げるようなイメージで事に当たれば、何でもかんでも一人でやる場合よりも、クオリティーの高いものを生むことができることも多いハズです。

「自分はスーパーマンじゃない」と考えることができれば、自分が苦手な分野や、他の人のほうが得意な分野が、もっとはっきり見えてきます。

人によって得意分野は異なりますが、私の場合は創造的な作業がちょっとばかり得意な気がしています。事務的な作業も重要度は同じなのですが、これは比較的苦手です。

新しいコンセプトで参考書の構成を立案したり、項目のキャッチコピーを作ったりすることは時間もかからないのですが、細かい数字を扱ったり、文字の校正をやったりすると、真面目《まじめ》にやっているつもりでも、よくとんでもない間違いや見落としをやってしまいます。

だから、そういった作業は、それが得意な人にアウトソーシングし、そこで生まれた時間で自分が得意な作業に集中するようにしているのです。

これは仕事のネットワーク化と呼べるでしょう。一つの仕事をいくつかの部分に分け、自分の人脈をフルに使ってそれぞれを得意な人に担当してもらい、時間の短縮を図り、クオリティーを高めるというやり方です。

自分の苦手とする作業でどれだけの時間を費やしてしまったかを計算してみてください。もしかしたら「うぉーこんなに時間がかかっていたんだ！」と、唖然《あぜん》としてしまうかもしれません。

今日からさっそく「ネットワーク仕事術」を始めてみましょう。そうすると、人だけでなく、タクシー、衛星放送、本屋さん、電車、インターネット、スーパーマーケットなど、ありとあらゆるサービスが、みなさんの時間短縮、クオリティーアップのためのネットワークとして使えることに気がつくと思います。

スーパーマン志向をやめて『ネットワーク仕事術』を試そう

6 理想と現実を微調整していけ！

●どの時点でライフミッションを作るか

子どものころの夢はとても大事です。私も35歳くらいまでは子どものような人間だったので、「いつかは世界の大統領に」、と思っていましたが、40歳を過ぎてやっと大人になり、さすがに無理なものは無理と気がつきました。

「まわりの空気を読むな」というのは私のメッセージですが、自分の中の空気を読むことは大切ですね。

理想の世界と現実に可能なことは、日々変化していきます。もともと持っていた夢を、徐々に実現できるライフミッションに修正していけるかどうかは、大事になると思います。これは決して「妥協」ではありません。

この**理想と現実の調整能力は、実は成功している人が必ず持っている一つのバランス感覚**です。

60歳になって「100メートル走で世界記録を！」と言うのは、誰もが現実味を欠く話だなと思うことでしょう。「人間の能力には限界はない！」とかっこよく言い切りたいのですが、やはり限界は存在します。たとえば私が「アイドル歌手になりたい」と言ったところで、それは無理です。

ある程度の年齢に達すれば、自分の能力と限界点を見極める力も必要になってくるというわけです。やるべきか、やらざるべきか。

たとえば30代から40代の段階は、その夢を最終的に調整する時期だと思います。その精神力、肉体的能力、知力、経済力、寿命などを考えて、残りの40年間ほどでどのくらい達成可能なのか。その中で、最も高いレベルを設定したいものです。

私自身が持つ、「音読を中心とした実用英語教育を本格的に普及させる」というライフミッションも、もしかしたらある程度のレベルまでは可能かもしれないと、最近思うようになりました。

これまでにたくさんの人と出会い、知り合ったおかげで、メディア関係のみなさんや教育関係のみなさんの力添えも期待できます。私の勤務する予備校の指導方針も、完全に実用英語的なものに変わりました。さらに、ＴＯＥＩＣの普及などの社会のムーブメントもあります。

「受験英語に凝り固まった日本の英語指導は絶対に変わらないよ」と言う人も多いの

ですが、もしかしたら、バカな私が走り回ることでさらに大きな流れを作れるかもしれないと、勝手に考えているのです。

ハッキリ言って、大それた目標ですが、私としてはこれまでも自分の目標を人に言うたびに「バカじゃねえの？」と思われてきましたし、個人的にはその目標にちょっとだけでも近づければ楽しい、という気持ちでやっているので、少しも苦ではありません。

またこのような本の中に自分の目標を書くことで、志《こころざし》を同じくする、私よりもはるかにレベルの高いみなさんから、「一緒にやりましょう」と声をかけていただけることもあるでしょう。

そういう意味で、私は自分のバカな夢に、ちょっとだけ現実味を感じています。

みなさんも、ドン・キホーテよりも、ちょっとだけ現実的なミッションを設定してみましょう。

年齢に応じて「理想」の微調整をする

PART 5
先読みキャラを変えろ!

『先読み』は人類の敵です。

「先読み」とは、自分が恥をかかないようにと、何でも先回りして考えてしまうことです。「先読み」とは、相手に迷惑だろうと勝手に考えてしまって、アプローチさえしないで終わってしまうことです。

また少しでも自分の行動からムダを省こうと、聞きかじりの情報をもとに、必要以上に段取りを組むことも、失敗を恐れるあまりの「先読み」です。これなら、大きな失敗もしないかもしれませんが、失敗から学ぶこともできなくなってしまいます。

私たちは経験から学ばなくてはいけません。多かれ少なかれ、自分が直接関わった経験を組み合わせながら、新しい考えを作り、判断できる人になるのが理想なのです。

空気を読むことが大切だ、と言いますが、いつもまわりの目ばかりを気にしすぎるばかりに、あなたの経験を少なくしてしまうことがよくあるのです。

失敗したら、失敗したでいいじゃないですか。大切なのは、その失敗をひたすらテクニカルに分析し、同じミスを繰り返さないことです。

当たり前ですが、仕事や受験で失敗することは、犯罪ではありません。あなたは悪いことをしたわけではないのです。

そう考えると、思い切っていろいろなことに挑戦できると思います。いままで「先読み」ばかりして、やりたいことができなかったあなたも、一歩目を踏み出すことができるはずです。

人生は何が起きるかわからない劇場です。みなさんは一人ひとりが主役で舞台の上に立っています。この舞台には台本はありません。

そして自分の配役を決めるのは、自分自身です。

もちろん、最初から上手に演技できるはずはありません。でも、その役を何度も練習していると、それなりの演技ができるようになってきます。

そうすると、それはあなたが獲得した、いままでとまったく違う立派なキャラなのです。まわりの人は誰もそれを演技だとは思わないようになってしまうでしょう。

「先読み」や「心配」ばかりしていては、立派な演技はできません。

いますぐに、あなたの中の「先読み」を退治しましょう。

1 偉人にならってバカになれ！

●空気を読む人の欠点

少し前「空気が読めない人」のことを「ＫＹ」などと呼んだりしましたね。そういう意味では、私はハッキリ言ってＫＹです。いや、意図的に空気は読まないようにしているのです。

空気を読む人は何でも無難にこなそうとする傾向があって、そこからは、新しい発想は生まれにくいのです。

私のことはさておき、事業でうまくいっている人たちは、ビックリするくらい空気を読まない人が多いようです。

フォーマルな会合に変な格好で現われたり、会議でも自分の順番を待たずにしゃべりまくって場を独占したり、突飛で面白い人ばかりです。

日本史の教科書を思い出してみませんか？　ゴシック体の黒くて太い字で載っていた人物は、みな究極のＫＹでしたね。

坂本龍馬、吉田松陰、板垣退助などなど、幕末を大きく動かした人物は、間違いなく、揃《そろ》いも揃って究極のKYなのです。

日本で初めての新婚旅行をしてみたり、株式会社を作ったり、アメリカの船に乗り込んで密航を直訴したり、神社のお守りをトイレに捨てて、バチが当たるかどうか試したり、その当時の常識では、ビックリする破天荒なことをやっているわけです。

まわりの人は、みな、必死で止めたに違いありません。

彼らは「他人と同調していては、この先、何も変わらない」ということが、自然にわかっていたのかもしれません。

会社で出世コースに乗るためには、上司のクセをいち早く見抜いて、それに先回りして従うことだ、などと言われます。そこまでして出世したとして、人生楽しいのかなあ、と悲しくなってしまいますが、実際はどうなのでしょう。

いままで空気が読めることを誇りにしてきたような人なら、空気が読めない人間にいますぐ変身することをお勧めしたいと思います。

●「オレはオレ」と思えた瞬間に一皮むける

メジャーリーグでの活躍が目覚ましいあのイチロー選手でさえ、プロ野球の道に進むと言ったときには、周囲から反対されたというようなことを、インタビューで答えていました。

私たちの最初の一歩をことごとく邪魔するのは、他人のネガティブな声です。

私たちが何か新しいことをするとき、どんな場合にも、ネガティブな意見を中心にまわりの人からいろいろなことを言われます。私も、最初はそのすべてにいちいち反応してためらっていました。

いろいろな人が「ああしたほうがいい」「こうしたほうがいい」とそれぞれの立場で言うし、生徒にしても「先生の授業は良い」「悪い」と反応はバラバラです。

そういうものにいちいち揺さぶられながら、気持ちが上がったり下がったりしていたのです。

でも、その中で、自分の哲学を持って、成功と失敗を繰り返していればいいのです。

決してやめないでいると、ある一線を越える瞬間があります。

それは、「もう人がどう言おうと、オレはこれでやる」という気持ちが生まれる瞬間です。

「人は人、オレはオレ」

「これがオレのスタイルだから、これでやらせてもらう」

という境地になったら、本当にもうけものだと思います。
「空気など、絶対に読んでやるか」くらいの、意識的な、鈍感さを持ちましょう。

空気を読まない鈍感さを持つ

2 人には『やる気階層』がある

●無視していい助言や忠告

「これは失敗するだろうなぁ」と思って、物事を始める人はいません。

しかし、失敗したとき、他人から「最初から失敗すると思っていたよ」と言われることは、日常茶飯事です。

もっとすごいのは、誰かに「こうしたいと思っているんだ」と相談したときに、「それは失敗するだろうなぁ」と、何の根拠もなく伝えてくる人たちが、少数ながらいることです。

本当に残念なことですが、ネガティブな先読みというわけです。

同じ言葉でも、愛情があっての忠告であれば、みなさんの中に何か響くものがあるはずです。

根拠も具体的な指針も示さない助言や忠告は、今後は一切無視してしまいましょう。

そこで真剣に迷ってしまって、モチベーションを下げたり、時間を浪費するのが、最もいけないことです。

横並び主義が一番だと考える人たちにとっては、出る杭《くい》は、嫉妬《しっと》の一番の対象です。

やる気のない人たちにとっては、やる気のある人が、目障りで仕方がないようです。

「あの人もいつまでも自分と同じであってほしい」

「いつまでも僕らの仲間でいてほしい」

という歪《ゆが》んだ愛情の裏返しなのかもしれませんね。

●やる気のある人がへこむ仕組み

やる気のある人は、組織全体のレベルを引き上げます。怠け者には、それが迷惑な場合もあるようです。

私の教え子たちの中には、現在、全国の塾や予備校、小学校、中学校、高校の教員として働いている人が何人もいます。彼らと話をする機会も多いのですが、ときどき「ああまたか」と悲しい気持ちになることがあるのです。

「おまえが頑張りすぎるとオレの仕事が大変になるから、頑張りすぎるなよ」

「君は『生徒、生徒』って、いつも生徒のことばかり考えてるようだけど、まわりの先生のことも考えよう。空気読もうよ」

教え子たちはこのような言葉を直接言われたり、間接的に耳にしたりすると言うのです。

同じ教育にたずさわる者としては、信じたくないことです。しかし教え子たちがウソを言っているわけではなく、私も似たような経験があるのです。

新しい学習プランを提案したとき、

「そのプランだとこうなるから、いまは絶対に無理」

「その人数では無理」

「予算がこれだけ足りないから無理」

と、散々に否定されました。

あろうことか「たぶん無理」といった曖昧《あいまい》な表現で、不可能を説く人もいます。

私がやろうとしていたことは、私にとってリスクやリターンはあっても、まわりの人には直接のリスクがあるわけでもなんでもありません。

しかし彼らは、寄ってたかって束になって、私を心配させようとするのです。

●ダークサイドの魅惑に注意する

そのようないろいろな経験を経て、私は「やる気というものにも階層があるんだな」と気づきました。

悲しいことかもしれませんが、やる気の階層が一段上がると、その下の階層とは話が合わなくなり、自然とつきあわなくなってしまうようです。

私などは、やる気階層が一段上がるたびに「さらに上の層ではどんなことが起こっているんだろう」とワクワクしてしまいます。

誤解のないように、ハッキリと言っておきますが、この「やる気階層」は、宗教、思想、人種、年齢、性別、貧富、職種、地位などとは一切関係がありません。

たとえば私が最近「やる気階層」で近いなと感じたのは、サンフランシスコのホテルのロビーで熱く夢を語ってくれた男子学生でしたし、大半の小学1年生は、私よりも「やる気階層」が高いと考えています。

一番下のやる気階層は、悪口やネガティブな会話が日常会話になっています。その人たちにとっても信じられないほどの時間のロスなのですが、もし、そんな人たちに出会ったら、「上の階層」に逃げてきてください。

たとえ身近な人であっても、あなたの「やる気」が消える前に逃げるべきです。

『スターウォーズ』は人間社会をよく表現した物語ですね。

やる気階層の最下部に「シス」がいるわけです。

またダースベイダーのように、ジェダイの騎士であるみなさんを、ダークサイドに転落させたがる人も、残念ながら世の中には存在します。

かつてポジティブだったアナキン少年がいかにしてダースベイダーになってしまったかを考えていくと、なおさら感慨深いものがあります。

世の中はダークサイドの誘惑に満ち溢《あふ》れていて、人々の「やる気」を摘んでいるのです。

「みんなと仲良くしましょう」と学校では教わります。しかし、社会に出てからは、つきあう相手を選ぶことが大切です。年齢、人種、性別にかかわらず、やる気のある人とつきあうとやる気が出ます。逆にやる気のない人とつきあうとやる気がなくなります。

まわりのネガティブな圧力に負けず、天井を突き破って、やる気階層を上げていきましょう。

「やる気階層」を落とさないように注意する

3 失敗には『5W1H反省法』を使え！

●反省は1回でいい

失敗は望んでするわけじゃないことは、前述のとおりです。

しかし結果的に失敗してしまったとき、それはもう起こってしまったわけですから、問われているのは、そのときの心の対応です。

外部的な要因で起こってしまったこと、たとえば上司の大失敗で自分の顧客に迷惑をかけたケースなどは、嫌な出来事には違いはないですが、少なくとも自分のせいではないので、まだ救いがあるものです。

やはり一番折り合いがつけられずに悩んでしまうのは、自分の言動、不注意が原因で起きてしまった失敗です。

しかし、

「どうしてあのときに自分はあんな判断をしてしまったんだろう」

「ああすればよかった、こうもできた」

と取り返しのつかないことを嘆いても、時間のムダです。過去は取り戻せません。失敗の原因は機械的に分析して、二度と同じ過ちを繰り返さないとキモに銘じることが大切なのです。

ここで「機械的」としたのは、「反省は一度だけ、冷静に、しっかり」という意味が込められていて、**「感情にまかせた反省」「だらだらと続く反省」は、意味がない**と思うからです。

もちろんその失敗で迷惑をかけてしまった人がいれば、誠心誠意、謝ることは当然のことです。

●テクニカルに失敗を分析する

私も自分の失敗に関して、明らかに自分に落ち度があり、他人に迷惑をかけてしまった場合には、可能な限りすばやく、その失敗を分析しようと考えます。

このときよく使うのが、５Ｗ１Ｈのテクニカル反省法です。

When　「この失敗はいつしたのか」

Who　「この失敗は誰が原因で、この失敗で誰に迷惑をかけたのか」

Where「この失敗はどこで起きたのか」
What「この失敗は具体的には何か」
Why「この失敗はどうして生じたのか」
How「この失敗の過程は何だったのか」

このように、自分の頭を整理するのです。

この方法は、**自分が必要以上に落ちこむことを防ぎ、素早くリスタートするために便利なツール**です。

私の恥ずかしい体験を、例にしてみましょう。

私が予備校講師になりたてのころ、「下ネタ英文法」という画期的な講座を発案したときのことです。

英文法を生徒たちに楽しく学んでもらうことを日夜考えていた私は「例文を下ネタにすれば、きっと面白い」と思いつきました。

実際、これは大人気の講座になったのですが、後日、当たり前と言えば当たり前ですが、女子生徒や父兄からの抗議が殺到したのです。

この失敗をテクニカルに分析してみると、以下のようになります。

When「私がまだ生徒にどういう先生なのか認識されていないとき」
↓「思い切った変化は全体の動向をつかんでから行なうべきだった」
↓「焦って衝動的に行動すべきではない」

Who「こればかりは誰のせいでもなく『自分』が失敗した」
↓「〝女子生徒〟また〝父母〟に不快な思いをさせた」
↓「対象を考えて題材は選択するべき」

Where「予備校で」
↓「教育の場では適切ではなかった」
↓「場所に合わせた題材を選ぶべき」

What「言うまでもなく〝下ネタ〟」
↓「教育用の題材としては不適切であった」
↓「教育の場にふさわしい題材を選択すべき」

Why「男子生徒を喜ばせようとしすぎたため」
↓「全体の生徒や父母も満足するような内容にすべき」
How「人気を上げようとする焦りのため、軽率に行動した」
↓「衝動に駆られず、段階的に思考して行動すべき」

このとき「ああ、あんなことやらなきゃよかった」とクヨクヨ反省しているだけだったら、私は次の年にも、そのまた次の年にも、同じような間違いを繰り返し、生徒のみなさんに迷惑をかけ続けていたのかもしれません。

人間が社会活動をしている限りは、失敗をしたり、人に迷惑をかけたりすることは避けられません。大切なのは、それをいかに修正し、次の自分に活かすかという当たり前のことなのです。

失敗は5W1Hで機械的に冷静に1回だけ反省してリスタートする

4 「○○できる人」という配役を与えろ！

●オバマvsクリントンが教えてくれたこと

政界のトップに立つ人であれ、財界のトップに立つ人であれ、最初からトップの風格を身につけていたわけではありません。その立場を得て、その役職をこなす中で磨かれてきた、それが本当のところでしょう。

そんなことを思ったのは、記憶に新しい、あのアメリカ大統領予備選挙でした。まだ大統領でもないのに、「大統領になる能力がある人」という「配役」が、まさしく、日々彼らを成長させていったことを、私たちはテレビを通して目の当《ま》たりにしました。

各党の代表を決めるためだけでさえ各州を渡り歩いての演説につぐ演説、討論につぐ討論。どの州も僅差《きんさ》、僅差のデッドヒートを繰り返し、ほぼ1年近くをかけた戦いに勝利した者が、やっと党代表同士の本番の戦いに臨むことができます。

ここからさらに激しい国を挙げての両者の攻防戦が始まり、もう一度全米をくまなく行脚《あんぎゃ》しながらの遊説と討論を行ない、得票結果を待つ。

そんな気の遠くなるようなハードな経験をするうちに、彼らはまさしくアメリカ合衆国大統領の名にふさわしい風格を、「急速に身につけざるを得なくなる」のです。

彼らは自分が表明した政策の矛盾をメディアや国民から一斉に指摘されます。

敵陣営のネガティブキャンペーンも嵐のように襲ってきます。

出馬のチャンスを得てからの彼らが抱える最大の課題は、**自分の短所、欠点とも言うべき不得意科目をどう克服するかの戦い**だったのかもしれないな、と私は思ってしまいました。

もちろんオバマ氏、クリントン氏ともに、「アメリカをよくする」という強烈な信念を持っていたにせよです。

●不得意科目で変わる

この大統領選には、私たちにも十分に役立つヒントがあると思うのです。

いま自分にやりたいことがあるとき、それがいまの自分が得意なことでなくても、「それをするに値する」配役にゲーム感覚で没頭できればそれは素晴らしい経験です。

配役を自分で与えてしまえばその場、その状況で、あなたはまずどう振る舞い、決断するか、自分で決めなきゃならないハズです。

その「配役」を上手に演じ切ることから始めるのです。与えられた「配役」に関して不得意だからと尻ごみしていたら、自分を次の次元に成長させるチャンスを逃がしてしまいます。

そういう機会が巡ってきたときに私たちに必要なのは、**失敗も成功もその両方の味を味わい尽くす覚悟、その時間を耐え抜く覚悟**です。それさえ怖がらなければ、やがては味わい深い成果を生み出すことができるのです。

『プリティ・プリンセス』という映画を知っていますか？

ごくごくフツーの女子高生が実は某国の王家の血を引いていて、プリンセスになるべく奮闘する物語です。王女様としての訓練は、言葉遣いから作法から、彼女にとって不得意科目ばかり。しかし、最後には素晴らしい王女の気品と風格を身につけるのです。

このパターンの映画が実に多いのは、みなこの種の変化に強い訴求力を感じているからでしょう。『デンジャラス・ビューティー』（下品な女警察官がミスコンテストに捜査のために乗りこみ、飛びっきりの美女になる話）しかり、名作『マイ・フェア・レディ』（下町の下品な娘が上流階級に見事にデビューする）しかり、です。

主人公は誰も「やむを得ぬ状況」に置かれて、「不得意科目」を克服せざるを得なくなっていきます。

不得手な状況に追いこまれたら、「よーし、これは自分の殻を破るチャンスだ。もっとやってみるか」と考えればよいのです。

「できる人」を演じ続けて「できる人」になってしまえ！

5 外面を変えて能力も変えてしまう

●肩書き入りの名刺を作る

有名カジノが数多くひしめくラスベガスには、ギャンブラーだけではなく、カジノディーラーを目指す老若男女も集まってきます。カジノのディーラーを養成する学校があるからです。

年齢も人種も多種多様な彼らは、それまでの仕事をやめて、この新天地に乗りこんできた人ばかりです。退屈な日常を振り切り、心機一転、巻き返しを図りたいという若者や、人生の最後に、かつて夢見ていたロマンティックな仕事をしたかったという老人など、動機もさまざまです。

このディーラースクールの売りは、本物のカジノと同じ設備で、元ベテランディーラーたちが専属の講師となって、すべて実践形式で教えていくというものです。

彼らは本物のディーリングルームの臨場感と緊張感の中で、訓練していくのです。

このように「実際と同じ形」で、トレーニングを行なうことは、想像以上の効果があると私は考えています。

形から入ることは、プロになるための近道なのです。

もし、みなさんがバレエを学び始めたのならば、できればジャージやトレーニングウェアではなく、美しいレオタードとトウシューズを手に入れてみましょう。

また、「バレリーナ」という肩書きの名刺を作ってしまいましょう。そして、バレリーナを演じ切るのです。道具だけ立派だと恥ずかしいので、それに合わせようと努力せざるを得なくなります。

私も「マジシャン」の名刺を持っています。

結婚式の出し物で、マジックをお願いされたときには、この名刺をどんどん配っていいます。マジシャンっぽいもっともらしい衣装も買いました。毎回、衣装に恥じない働きをしようと必死になります。

●資格のいらない職業は、演じ切るだけでいい

最初から、「自分は素人だし、下手だから」と失敗したときの保険をかけていては、いつまで経《た》っても、プロに近い緊張感を味わうことはできません。

ママゴトのようですが、形から入ることは上達のために大切なのです。

私の予備校でのキャリアも、そんなママゴトから始まったのかもしれません。最初こそ、緊張していたものの、ある時期を過ぎてからは、もう完全に先輩の講師たちをまねして、予備校講師っぽい格好をし、それっぽく振る舞うようにしてしまったのです。

教員免許も持たず、大学を出たばかりの私でも、それなりの服装をして、高い教壇にマイクを持って立っていれば、ハタから見れば立派な講師に見えたことでしょう。ベテラン講師という触れ込みなのに、おどおどと、講師の立場になり切れずに教えられるのと、新人なのにあたかも「オレは講師一筋15年！　みんな、ついてこい！」というノリで教えられるのとでは、圧倒的に後者のほうが支持されます。型にはまってしまうことは、自信をも生み出すことがあるのです。

フリでいいのです。

予備校講師も、バーテンダーも資格はありません。フリのつもりで始めて、完全に演じ切ることができれば、あなたはホンモノです。

私も、予備校講師のフリをしていたら、いつのまにかホンモノの予備校講師になっていました。作家のフリをしていたら、ホンモノの作家になってしまいました。経営者のフリをしていたら、ホンモノの経営者になってしまいました。

次は何のフリをしようかなと思います。
あなたは何のフリをしてみますか？

フリをし続ければ、いつしかホンモノになる！

6 相手に迷惑だろうと先読みするな！

●相手も声をかけてほしがっている

懇親会や異業種交流会といったものは、ビジネスチャンスの場、出会いの場です。こういう場所で、どうも人に話しかけることができない、という人も多いのです。

私も英語の勉強になるからと、外国人が集まる懇親会などに生徒を連れていくことがありますが、生徒たちは、語学の壁もあって、自分から積極的に近づくということが少なく、残念な気持ちになります。

不思議なことですが、私の知っている在日の外国人の友人・知人は口を揃《そろ》えて「もっと日本人の友人をたくさん作りたい」と言っているのです。

そして私の教え子たちも、それに輪をかけるようにして「外国人の友だちを作りたい」と言っています。

実際は互いに友だちになりたがっている両思いなのに、告白ができないわけです。

異業種交流会にも私はよく参加しますが、日本人で一番多いパターンは、ただポツンと食べている人、そして一緒に来た同僚、友人、知人と最初から最後までつるんでいる人です。

どうやら**何も関係のない人に自分が話しかけても相手に迷惑なだけと、勝手に自分で決めてしまっている**フシがあります。

「こういう場所ではとにかく話しかけろ」と言っても、「わかってるよ、それができないから悩んでいるんだ」と言う人は、まだましです。

こんな人には、簡単な「きっかけとなるフレーズ」だけ必ず言うクセをつけてほしいのです。

まったく知らない相手でも、「これおいしいですよ」とか「これ食べました？」とか「それおいしいですか？」「今日はどちらから来られたんですか？」「今日、寒くありませんか？」というような「きっかけフレーズ」を言うのです。一見何の意味も持たないような、どうでもいい会話に思えるかもしれません。しかしこれは**パーティーなどでの常套句《じょうとうく》として認識されているものですから、恥ずかしがることはありません。**

アメリカだとこういうときには、**Hi. How's it going today?** などと言います。

「やあ、どうですか、ごきげんは？」みたいな感覚ですね。

まったく知らない者同士でも、ごくふつうに入っていける約束事みたいなフレーズなのです。とにかく最初は、こうした「きっかけフレーズ」で気軽に話しかけてみるとよいでしょう。

●自分の専門外のプロフェッショナルを探す場所

日本人は人に迷惑をかけることを気にしすぎる民族です。誰かが2人で話し合っていたら、自分が会話に入ったら迷惑かなとか、あるいは実際に2人か3人で話しているところに自分が入っていって、場違いな会話になってしまうことを極端に恐れます。人によっては、名刺を渡すことさえ「どうせ相手は捨ててしまうんだろう」と考えて渡さない人もいます。名刺なんか、ダメもとで渡せばよいのです。

「100人に渡せば、3人は連絡を取り合う仲になれる」と考えるのです。メゲることはあるでしょう。しかし、1回や2回でメゲているようでは、何も変わりません。続ければ、どこかで波長の合うグループが見つかるハズと考えるのです。いったん成功すれば、そこからさらに人脈が広がっていくということもあります。ともかく、相手の懐《ふところ》に何度も飛びこむこと。そもそもそういう会合に来ている人は、誰もが出会いを求めているのです。目的はあなたとほぼ同じなのです。

違う業種の友だちがいると、とても便利です。弁護士の友人がいれば、法律問題で

異業種の友人と情報ネットワークを作れ!

困ったことになっても電話をかけて相談することができるし、ファイナンシャルプランナーの友人がいれば、投資のアドバイスをもらうことができます。

それに対しては、自分の専門分野のアドバイスでお返しすればよいのです。

私も、いろいろな人にいろいろなアドバイスをいただきますが、そのお返しに、お子さんの受験の相談や英語学習の相談など、喜んで受けるようにしています。また、お返しでなくても、知り合った人の相談を受けてお手伝いするようにしています。

いつかは、自分が助けてもらう番が来るかもしれないからです。

一人の人間が、「英語」も「経済」も「法律」も「医学」も、一生涯ですべてマスターすることは難しいでしょう。

だから、いろいろな業種の友人のネットワークを持って助け合うことが役立つのです。

7 運命は自分で作れると錯覚しろ！

●運命論は努力しない言い訳になる

私は運命論者ではありませんが、この世に運命というものが存在していないとも言い切れないでいます。

もしかしたら我々の運命は、何かに操られていて、何から何まで、最初から決まっているのかもしれません。

あるいは、運命は風に吹かれて、いつどこに飛ばされるのかわからないようなものなのかもしれません。

映画『フォレスト・ガンプ』で、主人公のガンプは言いました。

「運命は決まっているのか、風に吹かれているのか、僕にはわからない。きっとその2つが同時に起こっているような気がする」と。

私は何を信じているわけでもありませんが、「運命は自分で切り開いているんだ」と錯覚しながら生きることが面白いなと思っています。

運命は決まっていると考えてしまうのが良くない点は、その時点で努力しなくなってしまうかもしれない点です。どうせ努力したって変わらない、こうなる運命さ、という考えは、努力しないことの言い訳となってしまうのです。

もう一つ、映画の話ですが、みなさんも観たことのあるだろう映画、『バック・トゥ・ザ・フューチャー』です。

冴《さ》えない日常を過ごす主人公の高校生マーティーは、友人の発明家ドクが作ったタイムマシンで過去へと旅立ちます。過去において決して自分の運命を変えるようなことはしてはならないと言われるマーティーですが、そういうわけにもいかず、彼の活躍が、現在の彼の境遇をどんどん変えてしまうというストーリーです。

現在の自分が変わっていくことの証明として、マーティーが現在から持参していた写真が変化する場面が出てきます。シリーズ3部作で、過去、現在、未来を往復するマーティー。自分の運命を、自分が納得できるより良いものにするために、時空を往復するハメになるのですが、その物語の結論は、話全体をひっくり返すものでした。

時空を越えて散々動き回ったその土壇場で、マーティーは過去に撮影した写真の画像が消えているのを発見するのです。

「写真が消えている」と驚いて言うと、ドクがこう応じます。

「それは、君の未来がまだ書かれていないことを意味するんだ」

そして続けて言います。

The future is whatever you make it, so make it good one.

「未来というのは、キミが作り出すどのような姿にも変えることができる。どうせなら良い未来にすればいいじゃないか」という意味です。

つまり、運命は自分で作るもの、どうにでもなる、ということです。

こんなふうに錯覚して生きていたほうが、厄年や、占い師や預言者の言葉にビクビクして生きているよりも楽しくありませんか。

未来は「どうにでも」作ることができる

8 「ありがとう」グセで変わる

●別れ際の印象が大切

よく、日本に来た外国人が最初に学ぶべき言葉は「どうも」だと言われます。たしかに「どうも」は便利な言葉で、あらゆる場面で潤滑油として使うことができます。表情やトーンによって、**Thank you.**とも**I'm sorry.**とも解釈することができるわけです。

以前アメリカに向かう飛行機の中で、「コーヒー」「オレンジジュース」とぶしつけに注文する日本人に対して、客室乗務員のアメリカ人が言いました。

「これからアメリカに行くんだったら、魔法の言葉を教えてあげるわ。それは『プリーズ』。これをつけるだけであなたはみんなに好かれるようになるわよ」と。

私は日本にやってくる外国人には、「どうも」よりもすごい魔法の日本語を教えてあげます。それは「ありがとう」です。

「ありがとう」と言われて嫌な人はいません。よく、事故のときに「ごめんなさい」

と謝ると、過失を認めることになるので損をすると言います。でも、どんな場合でも「ありがとう」と言って損をすることはありません。

いつでもどこでも、特に別れ際に「ありがとう」と言いましょう。

どんな口論の後でも、「ありがとう」で別れれば、不思議と腹が立つことはありません。逆に、失礼な態度で立ち去る相手だったなら、自分に余裕すら感じます。

不思議なことに「ありがとう」で仕事を終えた取引先は、その回の仕事が多少うまくいかなかった場合でも、もう一度チャレンジするチャンスを与えていただける場合が多いのです。

「第一印象」も確かに大切かもしれませんが、私は「別れ際の印象」こそが、相手の心に最も残るものだと思います。

マインドを豊かにするためにも、仕事を増やすためにも、常に「ありがとう」を口にする習慣を身につけませんか。

「ありがとう」の強さを習慣にする

エピローグ
変わるためのライフミッション

●人生の優先順位を変えてしまおう

いくつかある「自分が幸福だなと感じること」、その中の優先順位を、もう一度見直してみましょう。

できればお金やモノを上位に置くのではなく、「人を喜ばせること」を上位にシフトしていくのです。

お金や地位が重要でないとは言いません。自分の家族のためにも経済的な視点は無視できません。若いころは、お金や地位を得ることが人生の最大の幸福と思ってしまいがちなことも理解できます。

私がいままでで一番充実感を感じたのは、私がやっている仕事によって、周囲にいる人々に喜んでもらえたことでした。

他人から自分の存在意義を認めてもらえることほど嬉《うれ》しいことはありません。

役者を一度やったらやめられないと言いますが、ライブの舞台における喝采《かっさい》というものは、自分の生き方を変えるくらいの感動を伴っているのだということを、私は教室という舞台で感じることがあります。

授業を受けてくれた生徒が、「少しずつ成績が上がってきました」と言ってくれたり、私の本を読んだ読者が「へこんでいた気持ちを立て直すことができました」とお礼の手紙をくれたりすると、この上もなく幸せな気持ちになり、ちょっとのことで落ちこんだり、悩んだりしていられなくなります。

偉そうにそんなことを言っている私も、20代の前半から、主に経済的な成功を夢見て、がむしゃらに働いてきました。

最初は貧乏でしたし、お金がないことの不自由さを感じながら生活していましたから、他人よりもまず自分の利益をどう確保するかに必死になっていたと思います。

そんな格闘も一段落ついたころ、自分の仕事に感謝してくれている人が存在するということに気がつき始めたのです。

あくまでもそれは自分のため、家族のために頑張っていただけなのですが、他人から「ありがとう」と言われることが、次第に大きな支えや生きがいになっていることに気がつけたわけです。

おそらくその時点が、その後の人生の分かれ道だったと思います。自分の生活が安定しかかったときに、さらに底なしの自己愛や金銭欲に走っていたら、いまのように、いろいろ大変なこともあるけど楽しいと思える生活は、できていなかったと思います。

少しでもいいから、世の中の役に立っている、あるいは誰かの役に立っているという実感が、人間には絶対に必要なのです。

このような考え方は、結局のところ、お金を増やす結果に繋《つな》がります。

仕事の基本、労働の基本は「他者のために尽くす」「社会に貢献する」ということです。給与や報酬はその対価ですから、それは当たり前の流れなのです。


あなたは自分と自分の家族だけを大切にする人生を選びますか？

それとも、共同体や社会、あなたが出会う素敵な人たちに、少しだけでも役に立つことを願い、共に生きる人生を選びますか？

●ライフミッションを持て！

人が変わるために、一番大切なものは何か？

それはライフミッションです。

みなさんの目の前の仕事は、必ず困難を伴います。

苦しいとき、ちょっとだけ立ち止まって、考えてみましょう。

「この仕事で自分は何を実現したいのか」

それが見えてくると、間違いなく人はねばり強くなります。そして、マインドセットもポジティブになります。

勉強もそう。

たとえば資格の勉強であっても、通訳の資格、弁護士資格、TOEIC○○点など、資格を取得することが目的化してしまってはなりません。

その資格を持って自分が何をしようというのか、というところまで見据えていなければ、その達成までに立ちはだかるいくつものハードルを前にしたとき、その都度、踏ん張ることができなくなってしまいます。

●予備校講師という仕事で知ったこと

私の専門である大学受験で言えば、ここ一番で頑張れないのが、漠然と「どこでもいいから国立に行きたい」「早稲田だったらどの学部でもいい」というタイプの受験生です。

そもそも、何のために大学に行くのかもわかっていないので、どうしても身が入りません。

彼らよりもねばり強いのは「○○大学医学部で勉強し、医者になりたい」と言うタイプの受験生。しかし、これもライフミッションではありません。

受験生にして、ライフミッションがもうすでにある程度定まっているような人もいます。18歳のときの自分のチャランポランさを思い出すと信じがたいのですが、これにはよくビックリさせられます。

「いまの若者は………」と嘆いている社会人のみなさんに、そんな彼らの書いた小論文を見せてあげたいくらいです。日本の将来が楽しみになってきますよ。

たとえば

「僕はバリアフリー社会を実現したい。日本では法整備がまだまだ不十分すぎて、多くの身障者が困っている現実を目《ま》の当たりにしてきた。僕はさまざまな形で身近にいるそうした人々のために貢献し、同時に仕事として継続して報酬が得られるようになりたい」

「そのために最も有効なのは、自分が法律を学び弁護士になることだ。だから弁護士になるために最も優れた指導が期待できる尊敬する○○先生のいる○○大学の法学部に入れる実力をつけたい」

これだけの目標を持った受験生であれば、ハッキリ言って無敵です。止めないとヤバいんじゃないかというくらい勉強します。また、このタイプの人たちは、大学受験に失敗して1年や2年浪人したくらいではビクともしないからすごいです。

これがライフミッションの力です。

●ライフミッションは年齢不問

ライフミッションを見つけることに、年齢は関係ありません。

先ほどのような若者は例外ですし、人には自分だけのオリジナルな人生があるので、早い遅いはあまり気にしないほうがいいのだと思います。しかしライフミッションを見つける意志は、いつも持たなくてはいけません。

見つからなくて、悩んだっていいじゃないですか。

見つけるんだという気持ちさえ持ち続ければ、きっと自然に、あなただけの生涯つきあえる目標が見つかります。

そのライフミッションがその後、自然に変わっていくこともあるでしょう。それはそれでいいのです。

ちょっとしたヒントは自分の子どものころにあるかもしれません。

生徒の中にも、将来の目標を語るときに、子どものころに読んだ、ボロボロになった一冊の本を片手に持っている生徒もいました。

どんな勉強にも興味が持てなかった私が、なぜか英語には入りこめたのか、それは小学校のときにテレビで見ていたハリウッド映画でした。また、これは中学のころだったか、秋祭りのときに野外で上映された、『スターウォーズ』を、友だちと一緒にアスファルトの上に座って鑑賞した思い出です。

そんな小さな思い出が積み重なって、将来は英語や映画に関係する仕事がしたいと思い、浪人して猛勉強して、英語学科に進学したのです。

その興味が、いまでは仕事になり、ライフミッションの一つになっています。

●私が見つけたライフミッション

私もいろいろな失敗や、数少ない成功体験の中から、一生続けたいと思うことがいくつか生まれてきました。

「みんなが元気になる授業や講演を続ける」

「音読を中心とした、使える実用英語の学び方を普及させる」

「韓国語を学び、日韓が少しでも仲良くなれるように超微力ながら民間外交をする」

体験から生まれた目標であれば、よりしつこい努力ができるものです。

あなたが、今日すぐに何かを始めれば、必ず数年後には、一生つきあえる素敵な目標が生まれているに違いありません。

ライフミッションを持てば「迷い」がなくなります。
ライフミッションを持てば生き方に深みと幅が出てきます。
ライフミッションを持てばダークサイドにも陥りません。
ライフミッションを持てば毎日が楽しくなります。
ライフミッションを持てばマインドセットがポジティブになります。
ライフミッションを持てば努力できるようになります。
ライフミッションを持てばあなたはカッコよくなります。
ライフミッションを持てば社会との繋がりを感じることができるようになります。
ライフミッションを持てば多くの人があなたを助けてくれるようになります。

多くの人に喜んでもらえ、あなたも幸せになれるような、素敵なライフミッションが、みなさんの手元に降りてきますように——

安河内哲也（やすこうち・てつや）

大手大学受験予備校・東進ハイスクールのカリスマ英語講師として絶大な支持を得る。同時に「やる気」を引き出す達人として、企業研修、講演など多くの分野で活躍。またさまざまなメディアの教材を開発する会社を経営。学習参考書を含め、著書の発行部数は累計300万部を超え、韓国や中国でも多数出版されている。TOEICテスト990点（満点)、通訳案内士（国家試験)、国連英検Ａ級等、多くの資格を持つ。成功の法則は「キャラを変え続けること」という持論から、変わりたい人の背中を押すために本書を執筆。主な著書に2007年ビジネス書ベストセラー『できる人の勉強法』やTOEIC文法書ロングセラー『TOEIC TEST 英文法スピードマスター』などがある。

いますぐキャラを変えなさい
成功を呼ぶブレイクスルーの法則

2009 年 3 月 17 日 初版第 1 刷発行

著者　安河内哲也
発行人　飯沼年昭
編集人　佐藤幸一

発行所　株式会社 小学館
〒 101-8001
東京都千代田区一ツ橋 2-3-1
編集 03-3230-5806
販売 03-5281-3555

印刷　大日本印刷株式会社
製本　牧製本印刷株式会社
DTP　株式会社昭和ブライト

©Tetsuya Yasukochi 2009 Printed in Japan
ISBN 978-4-09-387830-2
●造本には十分注意しておりますが、印刷、製本など製造上の不備がございましたら「制作局コールセンター」（フリーダイヤル 0120-336-340）にご連絡ください（電話受付は、土・日・祝日を除く 9:30~17:30）
Ⓡ <日本複写権センター委託出版物>
●本書を無断で複写（コピー）することは、著作権法上の例外を除き、禁じられています。本書をコピーされる場合は事前に日本複写権センター（JRRC）の許諾を受けてください。
JRRC <http://www.jrrc.or.jp　e-mail:info@jrrc.or.jp 電話 03-3401-2382>